로컬전성시대

로컬전성시대

아는도시 01

로컬의 최전선에서 전하는 도시의 미래

URBANPLAY

Contents

Editorial Letter
6p 이미 온 로컬 전성 시대 / 심영규

Part 1. 골목상권
10p 골목에서 한국 경제의 미래를 발견하다 / 모종린
18p 경리단길을 '함께' 살리는 방법 / 홍석천
28p Insight 공간 콘텐츠 범람 시대에 필요한 새로운 비즈니스 전략 / 정창윤(공간 컨설턴트)

Part 2. 로컬숍
38p Insight 로컬숍은 커뮤니티를 판매한다 / 홍주석(어반플레이)
44p 지역 빵집이 세상을 바꿀 수 있다면 / 성심당
54p 속초에서 발견한 서점업의 본질 / 동아서점
64p 가장 지역적이면서도 보편적인 음료 / 무등산 브루어리

Part 3. 코워킹
76p Insight 글로벌 코워킹 스페이스 트렌드 / 패스파인더
82p 지역의 가능성을 다시 보다 / 윌로비, 하이브아레나
92p 커뮤니티를 재정의하다 / 로컬랩서울, 연남장
102p 지역과 창작자를 연결하는 공간 / 이용원(S.L.A.), 제일약방
112p 여행을 기반으로 공간을 제안하다 / 살롱 드 노마드 춘천

Part 4. 코리빙

- 120p **Insight** 왜 코리빙에 주목해야 하나 / 음성원(도시건축 전문작가)
- 124p 도시에서 우리가 살아가는 방법 / 서울소셜스탠다드
- 132p 혼자 또 같이 산다 / 미스터홈즈
- 140p 가치를 공유하는 집 / 디웰하우스

Part 5. 살롱

- 150p 조금 더 자적이고, 조금 더 가까운 우리를 위해 / 트레바리
- 158p 취향이라는 이름 아래, 우리는 평등하다 / 취향관
- 166p 모든 이야기가 빛나는 곳 / 안전가옥
- 174p **Insight** 살롱의 중심에서 취향을 외치다 / 김성용(남의 집 프로젝트)

Part 6. 로컬 미디어

- 182p 지역이 쌓아온 일상의 가치 / 리얼제주 매거진 iiin
- 190p 종이에 새긴 동네의 10년 / 스트리트H
- 198p 가장 사적인 도시 기록 / 다시부산
- 204p **Insight** 우리는 로컬숍을 연구한다 / 소혜정(브로드컬리)

Special Interview

- 208p 공간과 지역과 사람을 연결하다 / 일본 UDS

Editorial Letter

이미 온 로컬 전성 시대

편집장
심영규

이 책은 '로컬 전성 시대'라는 짧은 선언으로 시작한다. 지역, 지방, 동네로 번역할 수 있는 이 단어는 불과 얼마 전까지만 해도 생소했으나 이제 '로컬 신', '로컬 크리에이터', '로컬 큐레이션', '로컬숍' 등 수많은 파생어를 만들어냈다. 이들은 단순히 '지역 맛집'이나 '핫플레이스', '뜨는 동네'를 지칭하는 단어가 아니라 트렌드나 소비 패턴, 미래 도시를 설명하는 키워드로 확장된다. 미래 도시의 주역인 밀레니얼은 소비를 선도하며 유통 시장의 변화를 이끌고 있다. 대형 마트, 백화점, 쇼핑몰은 더이상 이들에게 매력적이지 않다. 천편일률적인 상점 구성과 디자인으로 인해 개성이 없기 때문이다. 마찬가지로 비슷비슷한 동네와 뻔한 거리 역시도 관심을 끌지 못한다. 밀레니얼은 개성 있는 골목 상점과 다양한 사람들이 따로 또 같이 일하고 생활하는 코워킹, 코리빙 플레이스 그리고 개인의 취향을 존중하는 새로운 커뮤니티에 열광한다.

이들은 크고 높은 건물 사이에서 작고 세밀한 나만의 취향을 찾아다니고, 그러한 취향을 함께 이야기하고 만들어나갈 공동체를 꾸려간다. 이는 서울뿐만 아니라 부산, 제주, 속초, 춘천 등지에서도 발견할 수 있는 현상이다. 많은 미디어에서 "로컬이 뜬다"고 말하지만, 이러한 현상을 폭넓게 소개하는 콘텐츠는 전무했다. 이 책은 로컬에 대한 이야기를 '골목상권', '로컬숍', '코워킹', '코리빙', '살롱', '로컬 미디어' 등 여섯 가지 키워드로 나누고, 각 현장에서 활발히 활동하는 32명의 생생한 이야기를 담았다.

'사람이 공간을 만들고, 공간은 지역을 만들고, 지역은 다시 사람을 만든다'라는 한 문장에서 기획이 시작됐다. 이 책은 한 개인의 취향과 가치관이 어떻게 일로 연결되는지, 구체적으로 그 일이 어떻게 코리빙·코워킹·살롱 등의 '요즘 공간'과 연결되는지, 나아가 로컬숍·로컬 미디어 골목상권 등을 통해 어떻게 지역과 연결되는지 현장의 생생한 경험담을 통해 소개한다. 로컬에서 경제·사회적 선순환 모델을 만들고 싶은 사람들에게, '로컬 지향의 시대'를 '로컬 전성 시대'로 바꿔갈 사람들에게 이 책을 권한다.

2016년 회사 모토로 '로컬 전성 시대'를 예견했던 어반플레이는 지난 3년간의 경험을 연남방앗간, 연남장, 《아는동네》 매거진으로 구현해 그 토대를 다져왔다. 3년이 지난 지금, 어반플레이는 바로 그 시대가 왔음을 선언한다. 이제 내가 사는 도시를 더 넓게 그리고 더 멀리 보는 『아는도시: 로컬 전성 시대』를 통해 우리 가까이 다가온 미래를 먼저 만나보기 바란다.

Part 1.
골목상권

에디터
최정근

어딘가 놀러갈 때 사람들은 대개 동네 혹은 지역 이름을 먼저 말한다. "홍대 가자!", "강릉 갈까요?" 같은 식이다. 그다음 그곳에 어떤 공간이 있는지 구체적으로 찾아서 계획을 세운다. 이런 곳에 흔히 '골목상권'이 있다. 하지만 골목상권은 맛집이나 핫플레이스가 단순히 모여 있는 곳이 아니다. 건물주, 상인, 소비자, 주민, 로컬 크리에이터 각자의 이야기와 젠트리피케이션, 임대차 분쟁 등 다양한 사회적 현상이 얽히고설켜 있다. 이러한 이야기를 추려 연구자, 상인 그리고 소비자의 입장에서 담아보았다. 이 책을 읽어나가는 데 뼈대 역할을 해줄 것이다.

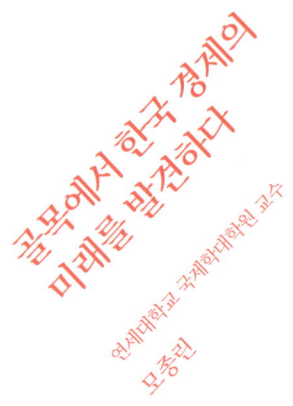

골목에서 한국 경제의
미래를 발견하다

연세대학교 국제학대학원 교수
모종린

문화 자원이 풍부한 골목에 사람이 모이고 있다. 개성 있는 상인과 창작자 그리고 그들의 제품을 소비하려는 사람 들이다. 이러한 골목은 시간이 지나며 하나의 골목상권으로 자리매김한다. 모종린 교수는 이런 곳들을 한국의 미래 성장 동력으로 삼아야 한다고 주장한다. '커뮤니티 기반 골목 산업 생태계 구축'이 그 골자다. 전국에 홍대와 이태원 같은 골목을 50곳 만드는 것이 요즘 모 교수의 최대 화두다. '골목 덕후' 경제학자가 말하는 도시와 로컬의 미래를 들어보자.

『골목길 자본론』이 출간된 후 1년이 지났다. 책 내용에서 좀 더 발전시킨 것이 있는지 궁금하다.

논문을 준비하며 주장을 좀 다듬었다. 하지만 큰 틀에서 변한 것은 없다. 골목상권을 새로운 경제 성장 동력으로 삼아야 한다는 것이다. 개성 있는 가게와 창작자가 많이 들어선 골목은 '문화 산업 발전소'로 나아갈 가능성이 크다. 모든 골목상권이 그렇지는 않지만, 최소한 홍대, 이태원, 성수동, 삼청동 등 강북 네 개 골목은 한국을 대표하는 도시 산업 중심지로 키워야 한다. '로컬 창업'도 중요하다. 지난 1년간 가시적으로 부상한 트렌드가 바로 로컬 창업이다. 지방 인재가 서울에 올라오는 경우는 줄고, 서울에서 지방으로 내려가거나 서울에 머물다가 다시 고향으로 돌아가는 경우는 늘고 있다. 〈리틀 포레스트〉 같은 영화도 있지 않나. 기존에는 로컬을 이야기할 때 귀촌·귀농으로만 접근했는데, 요즘은 지역에서 창업하는 경향이 늘며 하나의 라이프스타일 트렌드가 됐다. 이것을 종합해서 젊은 층에게 로컬이 어떤 의미가 있는지 더 조사할 예정이다.

> 최근 SNS에서 '장소 기반 산업 생태계'를 구축해야 한다고 언급했는데 좀 더 자세히 설명해달라.

구체적으로 말하자면 '커뮤니티 베이스'로 산업 생태게를 구축해야 한다는 것이다. 로컬에는 세 부류의 사람이 있다. 첫째는 활동가다. 오랫동안 지역을 기반으로 활동해온 사람들로, 마을 만들기 운동을 하거나 생활협동조합을 운영하는 이들이다. 둘째는 지역 혁신가다. 마을 기업을 운영하면서, 관과 마을 주민 사이를 연결해주는 역할을 한다. 셋째가 내가 강조하는 사람들, 로컬 창업가다. 지방에서 자신의 가게를 시작한 이들은 동네와 상생하며 사업과 골목의 정체성을 고민하고 발전시키려 노력한다. 이들의 세력이 커져야 한다.

> 커뮤니티 베이스 창업가가 세력을 모으기 위해서는 구체적으로 어떤 지원이 필요한가.

크게 두 가지가 있다. 인프라 구축과 인재 육성이다. 인프라 구축 측면에서는 문화 예술 성격이 강한 앵커스토어를 골목 곳곳에 세우는 것이 중요하다. 골목의 특색을 반영하고 강화하면서 간접적으로는 마을의 커뮤니티 기능을 수행할 수 있기 때문이다. 해외에서 시작한 '에어리어 매니지먼트 기업'■이 대표적인 예다. 건물주는 임대사업권을 자신이 투자한 회사에 넘기고, 회사가 쇼핑몰을 운영하듯이 골목상권(에어리어) 전체를 운영한다. 이렇게 되면 상인, 건물주, 크리에이터, 주민 모두가 골목상권을 발전시키는 데 참여하게 된다. 골목상권을 하나의 기업으로 보고 각 주체가 동업하는 것이다. 각 지역의 소규모 코워킹 스페이스가 이런 기능을 수행할 수 있다.

앵커스토어가 늘면 그곳을 중심으로 활동할 인재도 함께 늘어야 한다. 대표적으로 스타트업, 예술가, 소상공인이 있다. 앞의 둘은 정부에서 체계적으로 육성하는 반면 소상공인은 그렇지 않다. 그래서 '장인대학'이 필요하다. 생활 브랜드라든가 관광 산업에 필요한 원천 기술을 가진 인재를 육성해야 한다. 전국 226개 시군구가 각자 특성 분야에 맞게 세워야 하는 것은 물론이고, 장인대학이 앵커스토어 역할까지 수행하면 더욱 좋다.

■에어리어 매니지먼트 상업·업무 시설이 밀집된 지역이나 대형 복합 시설을 하나의 지역으로 간주하고 전문 기관이 종합적으로 운영하고 관리하는 방법. 단순히 건물을 신축하거나 리모델링하는 것이 아니라, 다양한 이벤트와 마케팅 등 콘텐츠를 활용해 지역을 브랜드화하는 방법이다. 같은 말로 '타운 매니지먼트'가 있다.

/ 구체적으로 예를 들어 설명해달라.

삼청동을 예로 들 수 있겠다. 전통 공예에 특화한 장인대학을 설립해 교육 과정을 운영하고, 이를 수료한 사람들이 서촌, 북촌에서 공예 창업을 할 수 있도록 유도, 지원하는 방안이다. 카페나 식당도 필요하겠지만 정체성 강화 측면에서는 특색 있는 사업이 주축이 돼야 한다.

그렇다면 정부는 어떤 역할을 해야 할까?

우선 보조금에 대해 말하고 싶다. 지금은 정부 보조금이 개개인에게 가는데, 상권 단위로 지원금을 줘야 한다. 골목상권을 전통 시장처럼 하나의 단위로 묶어 지원하는 것이다. 그럼 공동체 문화를 강화하는 데 정부가 기여할 수 있다. 앵커스토어 역할을 하는 기업에 보조금이 들어가는 방향이면 더 좋다. 정부가 직접 공공 사업장을 마련하는 방안도 있겠다. 그리고 특색 있는 건축물을 보호해야 한다. 개성 있는 골목상권을 살펴보면 모두 한옥, 적산가옥, 1970년대 단독 주택 등이 밀집한 곳에 형성됐다. 이런 잠재적인 가치가 있는 곳을 재개발로 훼손하지 말아야 한다. 또한 각 건물을 문화재로 지정해 쉽게 허물지 못하도록 해야 한다. 오스트리아나 이탈리아는 1950년 이전에 지어진 건물을 문화재로 지정해 보호하지 않나.

하지만 한국에서는 이렇게 개성 있는 가게가 모이고 골목상권이 활성화되면 임대료가 급격히 상승하거나 임대차 갈등이 심하게 나타나곤 한다.

임대료 문제는 물론 중요하다. 하지만 최근 상가건물 임대차보호법이 영업권을 10년까지 보장하는 방향으로 개정돼 안정될 것이라고 본다.

오히려 더 큰 문제는 경기 불황이다. 지갑을 닫으면 가게 매출이 떨어지는데, 임대료는 고정 비용이라 매출 대비 임대료 비중이 상승한다.

> 일반적으로 골목상권은 외부인이 일시적으로 와서 소비하고 돌아가는 곳이다. 그렇다면 한 지역에서 여러 가게가 지속적으로 운영되는 것이 중요하지 않을까?

맞는 말이다. 주민과 방문객의 비율이 중요하다. 주민이 70%, 외부인이 30% 정도가 좋다. 대표적인 사례로 연희동이 많이 언급되고 나도 그렇게 생각한다. 그런 면에서 삼청동이 아쉽다. 한옥을 기반으로 한 전통문화가 상품화되지 못하고, 중국인을 대상으로 한 화장품 가게가 들어오면서 지역 특색이 망가졌다. 삼청동의 특색이 반영된 가게가 다양하게 들어서고 주민과 여행객이 이를 소비하는 방향으로 발전했다면 지금처럼 되지 않았을 것이다.

2018년 12월 첫째 주 기준으로 삼청동 일대 상가 공실률이 약 17%로 조사됐다
(출처: 인사이트코리아)

> 동네 특색에 맞는 상인을 들이는 데에는 건물주의 역할도 중요할 것 같다.

압구정이나 청담동 사례가 보여주듯 골목상권도 다른 상권과 경쟁한다. 요즘 소비자들은 예민하기 때문에 골목이 조금만 개성을 잃어도 곧장 다른 곳으로 발길을 옮긴다. 그런 면에서 건물주의 역할이 중요하다. 월세만 받으면 장땡이라는 마음을 버려야 한다. 장기적 관점에서 어떤 가게가 내 건물에 들어와야 가치가 올라가고 지속가능성이 생길지 고민해야 한다. 상인, 건물주, 주민, 크리에이터 모두 좋은 동네를 만들기 위해서 함께 노력해야 한다. 이것이 젠트리피케이션 피해를 예방하는 장기적이고 효과적인 대안이기도 하다.

> 요즘 장사는 혼자서만 잘해서는 성공하기 어렵다는 생각이 든다.

그렇다. 각 주체가 같은 배를 탔다는 공동체 의식을 가져야 한다. 그중에서 가장 중요한 것은 역시 소상공인이다. 그들이 홍대, 이태원, 경주 황리단길 등 문화 자원이 풍부하고 매력적인 골목을 찾아내 개척했기에 골목상권이 현재의 모습을 갖출 수 있었다. 공공 기관이나 대기업 공장이 들어서야 동네가 발전한다는 것은 옛말이다.

> 향후 연구 계획이 궁금하다.

홍대 사례에 주목하고 있다. 스트릿 패션, 출판, 독립 서점, 커피 등 홍대앞 문화를 기반으로 재미있는 사업을 벌이는 사람들이 많다. 여러 산업이 들어서며 핫한 골목상권을 넘어 하나의 창업 단지로 발전한 것이다. 여기에 더해 성수동, 이태원 사례까지 체계적으로 분석해서 다른 지역에도 이런 골목 중심 산업 생태계가 구축되기 위해 필요한 것과 정부가 해야 할 역할 등을 정리할 생각이다. 이를 상징하는 어젠다로 삼은 문구가 '홍대50'이다. 홍대 같은 지역을 50곳 만든다는 목표다. 그렇게 해서 여러 골목이 브랜드 가치를 가질 정도로 발전하면 좋겠다. 내가 꿈꾸는 모습이 있다. 'made in 연희동', 'made in 성수동' 이런 식으로 여러 음식이나 상품에 생산한 동네를 표기하는 것이다. 그렇게 되기 위해서는 많은 골목이 모두 장인 공동체가 돼야 한다. 장인 공동체의 골목에서 우리나라의 미래를 찾아야 한다.

모종린 /
라이프스타일에서 미래를 찾고, 라이프스타일로 성공한 도시와 기업을 연구하는 골목길 경제학자. 대한민국 도시의 미래가 매력적인 골목길 문화에 달려 있다는 사실을 연구한 성과와, 이에 대한 개인적인 경험을 총동원해 『골목길 자본론』을 집필했다. 그 외 주요 저서로 『라이프스타일 도시』, 『작은 도시 큰 기업』 등이 있다.

© 여보플레이

© 강진호

위: 홍대앞 라이브클럽 터줏대감 클럽 빵(since 1994)
아래: 홍대 예술가들의 아지트 상수 이리카페(since 2004)
홍대앞 예술가의 아지트들은 미술과 음악, 인디 문화 등이 홍대에 깊이 뿌리내릴 수 있도록 도와줬다

골목에서 한국 경제의 미래를 발견하다

경리단길을 '함께' 살리는 방법

마이엑스엔터테인먼트 대표
홍석천

홍석천 대표는 이태원을 고향처럼 여긴다. 대학 졸업 후 처음 자리를 잡은 곳이자 첫 가게를 낸 곳이며, 어엿한 외식 사업가로 성장한 터전이기에 그렇다. 한마디로 그는 이태원에서 20년 동안 먹고, 놀고, 사랑하고, 일해온 것이다. 요즘 그의 최대 관심사는 경리단길을 휩쓸고 있는 젠트리피케이션 후폭풍이다. 사람들은 더는 경리단길을 찾지 않고, 함께 장사하던 사람들은 가게를 비웠다. 그가 일부러 경리단길에 식당을 오픈하여 손님을 끌어보고, 직접 건물을 매입해 '착한 건물주' 역할을 자처하기도 했지만 역부족이었다. 최근 그도 10년 동안 운영한 마이타이를 포함해 두 곳을 정리했다. 그럼에도 그는 오늘도 경리단길을 살릴 방법을 궁리한다. "건물주, 세입자, 주민, 관공서 모두 힘을 합치면 가능하다"라며 구체적인 구상을 내놓기도 했다. 그는 동네를 사랑하는 마음이 곧 골목을 살리는 진정한 원동력이라 믿는다.

／**방송과 사업 두 가지를 함께 하느라 굉장히 힘들 듯하다.**

최근 경리단길에 태국 음식점을 오픈했다. 시댕이라고, 태국 말로 빨강이라는 뜻이다. 파란색은 뭐라고 하는지 아나? 시파. 시댕으로 할까, 시파로 할까 고민하다가 태국 음식 하면 빨강이니까 시댕으로 했다. 태국이 정열적이기도 하고, 고추도 되게 맵잖나. 내가 또 홍씨이기도 해서 그렇게 지었는데, 사람들이 지나가면서 간판을 보고 재미있어 하더라. "어, 가게 이름이 저게 뭐야? 시댕이야? 진짜로?" 이러면서. 기억하기에 좋으니까 반응도 나쁘지 않다. 역시 나만의 접근법이 잘 먹힐 때가 있다는 생각을 했다.

많은 사람이 가파른 언덕길 사이사이에서 개성 있는 가게를 찾는 매력에 반해 경리단길을 방문해왔다

업장 대부분이 이태원과 경리단길에 있는데, 혹시 관심 있는 다른 지역이나, 사업을 계획하는 곳이 있나.

사업을 시작할 무렵 익선동에 들어갈 뻔했다. 그때는 지금처럼 핫하지 않았다. 서울 시내에 이런 동네가 있다는 것이 굉장히 매력적이어서 한옥을 하나 사서 가게를 내볼까 했는데, 건물주가 계약 직전에 마음을 바꿨다. 내가 산다고 하니 건물값이 나중에 더 오를 것 같다는 생각이 들었나 보다. 당시에는 아쉬웠지만 건물주가 얼마나 중요한 역할을 하는지 알고 있어서 괜찮았다. 오랫동안 가게를 했기 때문에 세입자의 어려움을 잘 알고 있고, 착한 건물주를 만나고 싶다는 생각도 한다. 그런데 주변 분들이 착한 건물주는 거의 없다고 얘기한다. '그럼 내가 착한 건물주가 되면 어떨까?' 생각하면서 건물을 보러 다녔는데 인연이 잘 닿지 않을 때가 많았다.

건물주가 생각을 바꿔야 한다는 이야기가 많이 나오고 있다. 좋은 콘텐츠를 가진 사람이 가게를 임차했을 때, 함께 건물의 가치를 올리는 파트너로 생각해야 한다는 것이다.

맞다. 내 건물에 좋은 가게가 들어와 있으면 부동산 가치가 올라가서 재산이 불어난다. 그런데 건물 소유주, 특히 갑자기 사람이 몰려 뜨는 지역의 건물주는 그렇게 생각하지 못한다. 대개 더 많은 이익을 위해 곧바로 월세를 올려버리는데 그럴수록 젊고 실력 있는 친구들이 떠나고, 건물 가치를 더 높일 기회가 사라진다. 그들 사이에서 "저 동네 이제 너무 올랐다, 새로 들어갈 수 없다"라고 소문이 나면 이미 늦은 것이다. 내 건물에 좋은 세입자가 들어오지 않는다는 사실을 깨닫기 전에 정신을 바짝 차려야 하는데 아직도 정신 못 차리는 건물주가 꽤 많다. 지금 경리단길 상황이 그렇다.

> 홍 대표가 이태원, 경리단길에서 사업을 시작할 때는 골목에 좋은 식당이 있는 것을 안다고 해도 굳이 찾아가던 때가 아니었다. 그런데도 골목에서 장사를 시작한 이유가 있나.

경리단길은 1995년 대학교 졸업 후 독립해서 사회생활을 시작한 곳이다. 이곳에 정착한 특별한 이유는 없다. 그냥 서울 지도를 펴놓고 가운데에 점을 찍어서 나온 곳이 이태원, 용산 쪽이었다. 그중에서 경리단길 인근 방값이 제일 쌌다. 자리를 잡은 뒤에는 해밀톤 호텔 뒷골목에 자주 놀러갔다. 당시 그 골목엔 삼겹살집, 쌈밥집 사이에 프랑스 레스토랑, 독일 소시지 호프집이 한두 개 있었다. 그곳에 다니면서 뒷골목에 가게를 내고 싶다고 생각했다. 해외에 촬영하러 갈 때마다 오래된 맛집이 뒷골목에 많이 몰려 있는 것을 보면서 나도 한국에 비슷한 골목을 만들고 싶다고 생각하기도 했다. 결국 내 가게를 내고, 한두 개가 잘 되니까 다른 분도 옆에 가게를 내면서 하나의 음식점 골목이 조성됐다. 나보다 먼저 들어온 누님들과 재미있게 장사했는데, 지금은 다 떠났다. 오래된 가게 중 남아 있는 곳이 몇 군데 없다. 자영업자가 한 지역에서 레스토랑 하나를 10년 넘게 유지하기가 너무 힘들어졌다. 사업을 시작할 무렵, 인근 월세 시세가 150만~200만 원이었는데 지금은 1,000만 원이 넘어간다. 보증금도 두세 배 요구한다. 그 조건을 맞추면서 음식 퀄리티와 서비스 퀄리티 그리고 직원까지 관리하는 것은 보통 힘든 일이 아니다. 안 해본 사람은 모른다. 관련 전공 교수들과 정책 세우는 사람들이 실제로 장사는 한 번도 해본 적 없으면서 아름답게 포장은 잘 한다.

> SBS 프로그램 〈백종원의 골목식당〉이 떠오른다. 기존에 음식점을 평가하는 기준이 맛, 서비스, 위치였다면 백종원 씨는 손님 및 상권 분석, 장사하는 태도 등도 강조하더라. 같은 외식업

전문가로서 이를 보고 느낀 점이 있는지 궁금하다.

한 2년 전부터 방송국 PD, 작가에게 내가 계속 던졌던 아이디어다. 약간 우려되는 점은, 방송에 출연한 분들이 상승한 유명세에 대처할 방법을 잘 모른다는 것이다. 갑자기 밀려오는 손님을 관리하지 못하고, 단골손님을 놓치는 경우가 많다. 내 아이디어는 골목 전체를 살리자는 것이었는데, 방송은 몇 개의 가게만 대상으로 하니까 지속성을 간과하게 되는 면이 있다.

홍석천 대표가 해밀톤 호텔 뒷골목에서 운영하는 양식당 마이첼시

그런 점에서 홍 대표가 선보인 가게들은 골목 전체를 염두에 두고 확실히 기획해서 오픈하는 것 같다. 획일화된 인테리어와 음식을 선보이는 것이 아니라, 그 가게가 아니라면 체험할 수 없는 음식과 콘텐츠를 제공해서 골목 자체 방문객을 늘리는 방식이다.

나보다는 이슬람 사원이 있는 우사단로에서 자영업을 하는 친구들이 좋은 예인 것 같다. 2~10평짜리 작은 가게를 운영하는 친구들이 모임을 만들어서 매달 말 축제를 하더라. 그 친구들과 만나서 이야기를 많이 나누는데, 우사단로에 재개발 계획이 있어서 불안해한다. 자신들이 가꿔온 동네가 언제 없어질지 모르기 때문이다. 그래서 적극적으로 무언가를 하고 싶어도 어디까지 해야 하는지 고민이 많아 보였다. 한편 최근 서대문구청에서 신촌, 이대역 상권 살리기 프로젝트를 하는 분도 만났다. 구청 주도로 젊은 청년 창업자와 노점을 하는 상인을 모아서 '문화 콘텐츠 공간'을 조성하겠다고 했다. 거의 다 지었을 때 가봤는데, 장사하는 사람 시선에서 이런저런 문제점이 보이기에 마감 전에 바꿀 수 있는 부분이 있다면 바꾸라고 요청했다. 설계자 입장에서 필요하다고 설치한 것이 나처럼 살 부딪치고 일하는 사람 입장에서는 불편한 경우가 있기 때문이다. 그때 주도하고 도움을 줄 기관과 이를 제대로 실행하고 그림을 만들 기획자, 실제로 들어가서 생활하고 장사하는 사람, 이 삼박자가 잘 맞아야 하겠다는 생각이 들었다. 관에서 주도한 프로젝트를 보면 대체로 사전 토의 시간이 많이 부족하지 않나. 그런 상태에서 프로젝트가 달려나가니까 만든 뒤에 지속성이 떨어진다.

> **경리단길도 예전 같지 않다. 젠트리피케이션 피해가 극심하다는 언론 보도도 나온다. 이곳에서 장사하며 골목의 지속가능성도 함께 고민하는 입장에서는 어떻게 느끼나.**

사람이 많이 줄었다. 빈 가게도 많이 보이고. 젊은 분들과 만나서 장사하기 참 힘들다는 이야기를 많이 나눈다. 문제는 두 가지다. 첫 번째는 월세가 너무 올랐고, 두 번째는 골목의 매력이 떨어진다는 것이다. 이 골목에 뭔가 특별한 볼거리, 즐길 거리, 먹거리가 있다는 걸 알리기 위해 공공 기관의 지원이 필요한데, 그런 것이 많이 없다 보니 젊은 친구들이 자기들끼리 아등바등 만들어보려고 한다. 그런데 자본이 뒷받침 되지 않아서 한계가 생긴다. 또 다른 문제는, 여기에 와서 아이템을 베끼는 사람도 많다는 것이다. 경리단길이 워낙 핫하고 상징성이 있는데다가 좋은 아이템을 가진 친구들이 많다는 것을 알고 있으니까. 백화점이나 쇼핑몰에서 이들을 입주 점포로 데려가기도 하고, 큰 기업에서 그냥 뽑아가버리기 때문에 골목이 갖고 있던 매력이 점점 사라진다. 그래도 지금 경리단길을 다시 살려보자는 친구들이 있어서 그들과 자주 이야기를 나누고 있다.

SNS에 "자영업자들 모이자"는 글을 썼더라. 경리단길에서 장사하는 사람들과 함께 어려움을 해결해나갈 구체적인 계획이 있나.

건물주와 세입자 간 갈등을 조정할 수 있는 단체를 만들고 싶다. 싸우다 보면 감정이 폭발하고 멱살잡이를 하게 되는데, 중간에서 누가 중재해주면 최선책은 아니지만 차선책이라도 찾을 수 있지 않을까. 나도 억울한 경우가 많았다. 건물주가 제발 여기 들어오라고 해서 가게 내고 건물을 살려놨더니, 나중에 월세가 다른 가게보다 50만 원 싸니까 올리겠다고 협박했다. 막판에는 본인 자녀가 이곳에서 사업을 할 예정이니 나가라더라. 결국 인테리어 비용, 리모델링 비용, 권리금 등을 일절 받지 못하고 나와야 했다. 심지어 원상 복구까지 하고 나왔다. 장사를 오래 하다 보면 이런 문제가 생긴다. 못 나간다고 소리 질러봐야 건물주가 마음먹은 이상 이길 수가 없더라.

그래서 직접 건물주가 된 것인가.

그렇다. 너무 억울해서 은행에 빚지고 마련했다. 경리단길에 새로 지은 건물인데 1~3층을 패션 사업 하는 친구들한테 임대했다. 온라인 패션몰을 운영하는 이들인데, 연남동 쪽에 있던 본사 월세가 너무 올라서 경리단길에서 다시 시작한 것이다. 그 마음이 너무 좋아서 그들 예산에 맞춰 세를 줬고 지금 잘 운영하고 있다. 내 레스토랑이 그 위에 있기도 해서 서로 도움도 된다. 이렇게 서로 도움이 되는 것이 기분 좋다.

/요즘 월세를 받기보다 수익을 나누는 방향으로 임대차 계약을 하는 경우도 많다.

그 방법도 굉장히 좋다. 제주도 건물주들이 "홍석천 씨가 들어오면 좋겠다. 수익 공유하는 방향으로 하면 좋겠다" 하고 제안하는 경우가 많다. 좋은 땅과 건물을 갖고 있는 분들이 양질의 콘텐츠를 가진 자영업자들과 협업하면 본인이 이익을 얻는 것은 물론이고 골목 자체가 살아나게 된다. 그런 면에서 조금 넓게 생각하는 분들이 많아졌으면 한다.

/본인이 생각하는 좋은 골목상권이란 무엇인가.

나는 젊은 친구들과 그들의 문화가 가진 힘을 늘 높이 평가한다. 골목이 맛집만 있다고 뜨는 것은 아니잖나. 음악 작업실도 있어야 하고, 그림 그리는 친구도 있어야 하고, 구두, 액세서리 공방이나 실력 있는 미용실도 있어야 한다. 꽈배기 튀기는 할머니도 있으면 더욱 좋다. 각각의 콘텐츠가 가진 다양한 힘에 공공 기관이나 지자체가 지원을 잘 해서 뒷받침해주면 얼마든지 자생할 수 있다. 좋은 지휘자가 있으면 실력 없는 오케스트라도 갑자기 세계적인 오케스트라가 될 수 있는 것과 같은 이치다.

/그런 취지에서 용산구청장에 출마한다고 했던 것인가.

그렇다. 꿈이긴 하지만.

/ 마지막으로 도시나 골목 관련 정책을 입안하는 이들에게 한마디 부탁한다.

먼저 전국에 산재해 있는 벽화마을에 대해 한마디하고 싶다. 물론 벽화마을은 좋은 아이템이다. 하지만 맥락도 특색도 없이 이곳저곳에 똑같은 벽화를 만들어놓는다고 관광객이 오는 것은 아니다. 그림만 있다고 해서 사람이 가는 것도 아니고, 그 그림이 동네와 어울리는지도 중요하잖나. 그런데 여기도 둘리 저기도 둘리, 여기도 날개 저기도 날개, 어디를 가나 꽃은 꼭 들어간다. 여기에 더해 우도 이야기도 하고 싶다. 몇 년 전에 우도에 갔다가 정말 감동한 적이 있다. 해외의 산토리니, 미코노스 이런 데 견주어도 전혀 뒤떨어지지 않는 매력을 가져서다. 그런데 요즘은 이런저런 이권이 끼어들면서 정말 조잡한 관광지가 됐다. 물론 우도에 계신 분들도 열심히 하는 것을 알고 있다. 하지만 이권이 과도하게 개입하면 바닥에서 힘들게 땀 흘리면서 기고 있는 자영업자는 어디에 하소연하고 기대야 할지 모르게 된다. 천편일률적인 정책과 이권을 빼고, 아이디어를 총체적으로 기획하는 조정자가 필요하다.

홍석천 /
방송인이자 이태원을 대표하는 외식 사업가. 요리 관련 주요 출연 프로그램으로 〈냉장고를 부탁해〉(JTBC), 〈현지에서 먹힐까?-태국 편〉(tvN) 등이 있다.

경리단길을 '함께' 살리는 방법

Insight

공간 콘텐츠 범람 시대에 필요한
새로운 비즈니스 전략

공간 컨설턴트
정창윤

　　단순히 제품만 소비하던 시대가 가고 경험을 소비하는 시대가 왔다. 그 중심에 서 있는 것이 바로 공간 기반 콘텐츠이다. 최근 이런 추세에 따라 여러 공간이 등장하거나 유명세를 얻고 있지만, 자세히 비교해봐도 눈에 띄는 차별점을 찾기 힘들다. 주로 인테리어나 플레이팅 등 시각적 요소에만 집중해 차별화를 꾀하기 때문이다. 물론 시각적 요소는 이용자가 가장 먼저 마주하는 만큼 마음을 쉽게 사로잡는다. 하지만 트렌드의 영향을 많이 받기에 금세 경쟁에 밀릴 위험이 있다. 특히 밀레니얼과 Z세대는 이른 나이부터 SNS를 통해 비주얼 콘텐츠를 접했기에 시각적 요소에 대한 기대치가 높다. 그렇기 때문에 엇비슷한 이미지만으로는 이들의 방문을 유도하기 힘들다. 게다가 이들은 핫하다고 소문난 공간이 멀리 있다면 굳이 시간과 돈을 들여 찾아가지 않는다. 충분히 집과 일터 주변에서 차별화된 공간 콘텐츠를 소비할 수 있기 때문이다. 앞으로 이런 소비자들을 움직이게 하려면 어떤 전략을 세워야 할까?

// 지역이 있는 공간: 하이퍼 로컬

첫째, 하이퍼 로컬 Hyper-Local이 있다. '아주 좁은 범위의 특정 지역에 맞춘'이란 뜻으로 특정 지역, 동네 자체를 경험하고 소비하게 해야 한다는 것이다. 단순히 관광하듯 한곳에 머무는 것이 아니라 한 지역의 고유한 역사, 문화, 예술, 환경 등을 기반으로 지역색을 경험하게 해야 한다. 최근 이러한 경향은 '여행'을 통해 두드러지고 있다.

대표적인 예로 일본 교토를 꼽을 수 있다. 왜 도쿄가 아니고 교토일까? 도쿄는 콘텐츠가 풍부하지만, 크고 높은 건물들이 만들어내는 '도시 풍경'이 익숙한 이들에게 그다지 매력적이지 않다. 그에 반해 교토는 일본에서 유일하게 전통 문화를 옛 모습 그대로 보존하고 있으며, 이를 현대의 브랜드와 다양하게 결합시켜 독특한 풍경을 만들어냈다.

2018년에는 애플스토어와 블루보틀이 교토에 문을 열었고, 2019년에는 일본 치쵸로 에이스호텔이 진출하는 등 전세계 디벨로퍼들이 앞다투어 자리 잡고 있다. 교토시는 이들을 단순히 유치하는 데에만 그치지 않고, 지역색과 문화를 공간에 담아낼 수 있도록 일본 로컬 건축가와의 협업을 지원하거나 지역 가이드를 제안한다. 같은 브랜드라도 교토에서만 경험할 수 있는 공간을 조성함으로써 사람들이 더욱 찾아갈 수밖에 없게 된 것이다.

애플스토어 교토점은 3층으로 구성된 공간으로 전통적인 요소가 곳곳에 배어 있다. 가장 눈에 띄는 것은 일본식 등불의 모습을 차용해 만든 외관이다. 일반적으로 상업 공간은 소비자들이 방문하는 매장 내부에 집중해 색깔을 담기 마련인데, 건물 외관 자체를 전통의 멋을 드러내는 요소로 활용한 것이다. 이런 시도를 통해 주변 풍경에 자연스럽게 녹아들 뿐만 아니라, 전통과 현대가 교차하는 랜드마크를 만들어냈다.

위: 일본 전통 창호와 등불에서 영감을 받아 디자인한 교토 애플스토어 외관
아래: 교마치야 건물을 그대로 활용해 리노베이션한 블루보틀 교토점

    블루보틀은 리노베이션 당시 100년이 넘는 교마치야(京町家)■ 건물의 중후하고 고풍스러운 기둥과 대들보를 그대로 유지했다. 그 덕분에 소비자들은 100년이 넘는 목조 건물을 보고 만질 수 있으며, 나아가 '고풍스럽고 옛스러운 분위기'를 현대 로스터리 브랜드의 커피와 함께 즐길 수 있다.

■ **교마치야** 본 도시 상점가에 늘어선 건물 중 주택과 상점이 함께 있는, 가로로 길쭉한 형태의 건물을 마치야(町屋·町家)라고 한다. 그중 교토(京都) 지역의 마치야를 교마치야라고 한다.

전통적 특색에 글로벌 브랜드가 녹아들면서 교토는 크리에이티브한 이미지를 얻은 것은 물론 로컬과 글로벌이 교차하는 허브로 자리매김했다. 우리나라에도 교토와 같이 분명한 지역색을 활용하는 곳이 늘어나야 한다. 성수동과 을지로를 대표적인 예로 들 수 있다. 두 지역의 공간들은 공장 건물을 유지하거나 재생해 과거와 현대가 어우러지게 하여 새로운 분위기를 만들어냈다. 큰 빌딩과 대형 상업 시설을 경험할 수 있는 곳은 강남과 명동이면 충분하다. 그 외 지역은 오래전부터 이어져온 지역 문화(하이퍼 로컬 문화 Hyper-Local Culture)를 끌어내고 그만의 색을 갖고 운영해나가야 한다.

이를 위해서는 주민과 지역 상업 시설, 관공서 등이 함께 방향을 계획하고 움직여야 한다. 여러 주체가 함께 가꿔낸 지역은 소비자의 발길을 끌 것이고, 이는 자연스레 로컬 매장의 제품 및 콘텐츠 소비로 이어질 것이다. 지역색을 통해 차별화를 꾀하는 '로컬 여행·관광 경쟁' 시대가 왔다.

// 나만이 있는 공간: 럭셔리 콘텐츠

두 번째 전략으로는 '럭셔리 콘텐츠'가 있다. 이때 '럭셔리'는 명품이나 고가 브랜드가 아니라, 온전히 이용객에게 집중한, 세심한 서비스를 제공하는 경험을 의미한다.

이러한 콘텐츠가 필요한 이유는 무엇일까? 서두에서 언급했듯, 공간 기반 콘텐츠의 수가 빠르게 늘고 있어서 '다름'에 대한 경험은 얼마든지 대체 가능해졌다. 그러다 보니 금세 경쟁에서 뒤처져 사라지는 공간과 콘텐츠가 허다하다. 심지어 집과 일터 근처에도 충분히 매력적인 공간이 생겨나면서 소비자들은 굳이 이동할 필요가 없어졌다.

그렇기에 이제는 '더 섬세한 운영과 서비스'를 제공해 공간을 지속적으로 이용하는 고객을 확보해야 한다. 이를 위해서 호텔 등 고급 공간에서만 경험할 수 있었던 서비스를 벤치마킹해 대중화해야 한다.

대표적인 예로 코스메틱 브랜드 이솝 Aesop이 있다. 이솝은 고객을 일대일로 응대하는 것을 원칙으로 한다. 손님이 몰리는 시간에는 직원과 이야기하기 위해 순서를 기다려야 한다. 또한 모든 직원이 화장품, 뷰티, 피부 관리 등에 전문적인 지식을 갖고 있어서 자세히 컨설팅을 받고 자신에게 맞는 제품을 구매할 수 있다. 이렇듯 섬세한 서비스를 제공해야 하기 때문에 이솝은 직원 채용에도 공을 들인다. 단순히 판매를 위한 목적이라면 아르바이트 인력을 뽑으면 되지만, 고객 응대 경험과 뷰티 관련 전문 지식을 모두 갖고 있는 사람은 흔치 않기 때문이다.

특히 이솝의 서비스는 어떤 지점을 방문해도 동일하다. 이솝을 방문했던 사람들에게 어땠느냐고 물어보면 각자 가봤던 지점이 다르더라도 같은 서비스 경험담을 이야기한다. 마치 손꼽히는 레스토랑에서 일정한 퀄리티의 요리를 흐트러짐 없이 제공하는 모습과도 같다. 여기서 이솝이 각 지점을 운영하는 이들에게 공간 운영 가이드라인을 철저히 숙지시킨다는 점을 읽어낼 수 있다.

또한 이솝은 다른 코스메틱 브랜드처럼 각 매장을 동일한 모양으로 꾸미지 않는다. 입점 지역 혹은 거리와 이질감이 느껴지지 않도록 지역의 특색을 잘 녹여낼 수 있는 로컬 인테리어 혹은 건축 회사와 협업해 공간 디자인을 진행한다. 이후 디자인이 완료될 즈음 본사의 디렉터가 직접 방문해 부족한 부분은 없는지, 지역색을 포함하고 있는지 등을 하나하나 꼼꼼히 검토한 후 매장을 오픈한다.

위: 일본 나카메구로 지점 외관
아래: 영국 런던 소호 지점 외관
이솝은 각 매장을 입점한 지역의 풍경에 녹아들도록 디자인한다

이솝은 최근 한남동에 국내 최초 '페이셜 어포인트먼트'를 오픈했다. 자사의 제품을 활용한 피부 관리 서비스를 시작한 것이다. 전 세계 국가 중 호주, 독일, 한국 등 아홉 개 나라에서 진행하며, 해당 국가에서도 선별된 매장에서만 시행한다. 트리트먼트 종류는 총 여섯 가지로 나뉘며 고객과 일대일 상담을 진행한 뒤 가장 적합한 것을 결정한다. 공간의 음악과 향, 조도, 디자인까지 섬세하게 구성해 감정적인 부분까지 관

공간 콘텐츠 범람 시대에 필요한 새로운 비즈니스 전략

리받을 수 있도록 했다. 매장에서 일대일 응대 서비스를 제공하는 것을 기본으로 삼고, 브랜드를 더 개인적인 측면에서 경험할 수 있는 방향으로 차별화를 꾀하는 것이다. 이솝뿐만 아니라 록시땅, 러쉬 등 다른 코스메틱 브랜드도 스파 및 트리트먼트 서비스를 실시하고 있다.

고객의 감정과 매장의 섬세한 부분까지 챙기는 것은 아무나 할 수 없다. 이해력과 경험, 지식이 뒷받침돼야 가능하다. 이러한 요소를 복합적으로 챙길 수 있는 것은 '사람'밖에 없다. 그렇기에 앞으로 '어떤 사람'을 채용할 것인지, 채용 후에는 담당자가 어떻게 공간을 운영하고 고객을 대할 것인지가 무엇보다 중요해질 것이다.

앞으로의 공간과 지속가능성

누구나 공간 콘텐츠를 기획하고 실행할 수 있다. 하지만 지속가능성을 확보하기는 쉽지 않다. 까다로워지는 소비자의 눈높이와 앞서 언급한 요소들을 복합적으로 고민해야 하기 때문이다. 다르게 말하자면, 공간을 운영하는 사람에게 다양한 능력이 요구되는 것이다. 거리, 동네, 도시를 종합적으로 바라보는 관점과, 요즘 소비자는 무엇을 좋아하고 무엇에 이끌리는지 파악하는 능력이 필요하다. 자신이 주력하는 분야에 전문적인 지식을 갖추고 고객을 응대하는 능력 또한 높아야 한다. 공간이 입점할 동네를 까다롭게 선정하고, 고객의 행동과 경험을 치밀하게 설계해야 하는 시대가 왔다.

정창윤

공연·전시·이벤트·패션 기획 및 연출 업무를 담당했고, 2015년에는 패션, 화장품, 공간 등 다양한 영역에 속한 브랜드의 콘셉트를 기획하는 업무를 했다. 이후 최근까지는 부동산·리테일 컨설팅 회사에서 컨설턴트로 일했다. 최근에는 Next 공간과 UX에 관심을 기울이고 있다. 퍼블리 PUBLY에 〈컨셉 있는 공간〉을 연재했다.

공간 콘텐츠 범람 시대에 필요한 새로운 비즈니스 전략

Part 2.
로직솝

에디터
강필호

최근 몰개성하다 여겨졌던 국내 지역 콘텐츠에 대한 관심이 커지고 있다. 이러한 추세는 로컬숍을 통해 뚜렷이 드러난다. 로컬숍은 수도권 외 지역, 또는 수도권 내 주목받지 못했던 구역에서 전국적인 인지도를 얻고, 나아가 지역으로의 방문객 유입까지 유도하고 있다.

로컬숍의 사례는 굉장히 다양하지만, 이들의 업종과 상품 구성은 대체로 유사하다. 본 파트에서는 그중에서도 로컬의 재발견을 이끌고 있는 대표적인 로컬숍을 소개한다.

Insight

로컬숍은 커뮤니티를 판매한다

어반플레이 대표
홍주석

2000년대 이전 동네에서 가장 상권이 좋은 자리에는 슈퍼마켓, 비디오가게, 쌀집, 문방구가 자리 잡고 있었고, 그 주변으로 빵집, 분식집, 미용실, 복덕방 등이 있었다. 가게 주인들은 대부분 장사한 지 10~20년이 훌쩍 넘은 동네 터줏대감이었고, 당시 쌀집 아저씨, 슈퍼마켓 아줌마, 분식집 누나는 주민과 한동네에서 동고동락하는 가게 주인 이상의 존재였다. 시간이 흘러 동네 가게들은 편의점과 화려한 인테리어가 돋보이는 프랜차이즈 공간으로 하나둘 탈바꿈했지만, 많은 이의 추억 속에는 '나만의 동네 가게' 한두 곳이 남아 있다. 커뮤니티로서 기능하던 동네가 생활 편의 중심으로 변화해온 지금, 어떤 동네에서는 추억 속 상점을 연상케 하는 '낯선 상점'이 등장하고 있다.

위: 동네 쌀집을 새롭게 재해석한 동네정미소 성산
아래: 빈티지 연필 편집숍 흑심

　　최근 밀레니얼이 많이 찾는 동네에 가면 식음료 편집숍, 동네 쌀집, 연필 편집숍, 멤버십 기반의 살롱과 코워킹 스페이스 등 이름도 낯선 로컬 상점들이 제법 눈에 들어온다. 몇 년 전 동네 서점이 처음 등장했을 때만 해도 이렇게 다양한 종류의 로컬 상점이 탄생하리라 생각한 사람은 많지 않았다. 당시에는 규모의 경제를 기반으로 한 대기업의 프랜차이즈와 소상공인이 운영하는 소규모 로컬 상점이 경쟁한다는 것

로컬숍은 커뮤니티를 판매한다

자체가 불가능하다고 여겨졌다. 그래서 이른 시기에 창의적인 아이디어를 앞세워 선전했던 많은 로컬 상점에 대해 우려가 앞섰던 것도 사실이다. 물론 수익 구조와 지속가능성에 대한 고민은 여전하지만, 개성 있는 작은 로컬 상점이 사람을 끌어당기고 나아가 동네를 변화시키는 원동력이라는 사실은 부인하기 어렵다. 예를 들어, 동네 서점은 책을 파는 공간을 넘어 책을 매개로 사람과 사람이 만나는 '연결의 공간'으로서 동네 문화와 커뮤니티 서비스를 제공하고 있으며 이는 하나의 트렌드가 됐다. 20년 전 단골 고객 중심의 동네 장사가 품고 있던 느슨한 커뮤니티가 새로운 로컬 상점들을 통해 재해석되고 그 안에서 새로운 사업 모델이 탄생하고 있다.

전 세계인이 온라인을 통해 소통하는 4차 산업혁명 시대에, 동네 커뮤니티나 로컬 상점을 언급하는 것이 누군가에게는 과거로의 회귀이자 추억팔이 정도로 보일지도 모른다. 하지만 이러한 트렌드는 아마존이나 바이두 같은 e커머스 중심의 소비 구조가 가속화되는 시대에 오프라인 숍이 단순 소매업을 넘어 다른 무언가를 팔아야 살아남을 수 있다는 사실을 보여준다. 커뮤니티 서비스를 제공하는 로컬 공간이 IT 기반의 에너지 효율 도시에서 인간적인 삶을 모색하는 커뮤니티 지향형 동네로의 변화를 만들어내고 있기 때문이다.

대기업 중심의 독점적 유통 시장은 시간을 파는 편의점, 공간을 파는 프랜차이즈 카페로 가득찬 획일적인 도시를 만들어버렸다. 잃어버린 동네 상권 문화를 복원해 지역의 새로운 성장 동력을 길러내기 위해서는 오프라인에서만 경험할 수 있는 무언가가 필요하며, 이는 곧 경쟁력 있는 로컬 브랜드를 의미한다. 성심당, 이성당, 삼진어묵 같은 브랜드는 60년 넘게 지속적으로 지역민과 소통해왔고 이제는 지역을 넘어 대한민국 대표 브랜드가 됐다. 장인 정신을 가진 한 브랜드가 지역을 거점으로 오랫동안 성장해왔다는 사실은 로컬 브랜드가 지역의 문화 콘텐츠로 자리매김할 수 있다는 가능성을 보여준다.

위: 지역 양조장을 리뉴얼한 강릉 버드나무 브루어리
아래: 가업으로 이어오던 조선소를 문화 공간으로 재해석한 속초 칠성조선소

동네 커뮤니티를 대상으로 영업해온 로컬 상점은 이제 하나의 브랜드를 중심으로 하는 거대한 라이프스타일 커뮤니티를 만들어내고

로컬숍은 커뮤니티를 판매한다

있다. 이는 로컬 창업가들에게 재화 판매를 늘리는 것 외에도 새로운 문화적 사업을 전개할 수 있다는 혁신적인 메시지를 전달한다. 경쟁력 있는 로컬 브랜드가 동네 단골 장사를 넘어 지역 기반 브랜드로 성장할 기회가 생긴 것이다. 이미 강릉의 버드나무 브루어리, 부산의 덕화명란, 울산의 복순도가 등은 경쟁력 있는 전국 브랜드로 소비되고 있으며, 속초의 칠성조선소나 동아서점같이 역사성을 가진 브랜드는 지역 문화 공간으로 재탄생해 차별화된 콘텐츠로 많은 사람에게 사랑받는다.

또 하나 주목해야 할 점은 기술의 발전이다. 동네에서 시작한 로컬 상점이 브랜드의 이야기와 콘텐츠를 기반으로 다양하게 사업을 확장할 수 있는 세상이 열리기 시작했다. 스마트폰을 비롯해 각종 온라인 플랫폼이 대중화되면서 동네에서 차별화된 공간 콘텐츠로 인정받으면 곧 전국적으로 성공할 수 있는 세상이 된 것이다. 밀레니얼은 온라인에서 본인의 콘텐츠를 알리고 사람들을 끌어 모은다. 이렇게 모인 온라인 트래픽은 기존의 유동 인구와는 관련 없는 새로운 오프라인 트래픽을 발생시키기도 한다. 그래서 자신만의 콘텐츠가 있는 사람에게는 입지 조건이 중요하지 않다. 오히려 본인의 사업이 추구하는 라이프스타일에 어울리는 동네와 공간을 찾는 것이 더 중요하다. 기존에는 넓은 도로가 있거나 교통이 편리한 곳이 중요한 상권으로 떠올랐다면, 오늘날에는 전국의 다양한 골목으로 젊은 사람들이 모여드는 현상이 이를 방증한다. 이제 공간의 콘텐츠가 사람을 모으는 시대이자 콘텐츠가 도시의 부동산을 움직이는 시대다. 삶의 질과 정체성을 중요시하는 밀레니얼이 동네에서 새로운 서비스를 펼쳐내기에 더없이 좋은 시기가 오고 있다.

전 세계적으로 부정적인 경제 이슈가 난무하는 이 시기에 창업 전망이 좋다는 비현실적인 예견을 하려는 것이 아니다. 우리가 그동안 가지고 있던 소상공인에 대한 개념을 바꿔야만 새로운 비즈니스의 잠재력을 알아볼 수 있다는 뜻이다. 소상공인이 열악한 비즈니스 환경에 놓여 있는 것은 사실이나, 공공의 지원이나 보호만으로 해결할 수 있는 문제는 아니다. IT 기술의 급격한 발전이 불러온 라이프스타일의 변화로 인해 소매 위주의 기존 사업을 지속하는 것이 어려워지고 있는 한편, 소상공인에게는 판매자가 아닌 크리에이터의 자질이 요구된다. 이를 잘 수행할 수 있는 크리에이터는 로컬 브랜드를 창업한 뒤 이내 로컬 스타트업으로 발전해나가고, 곧 글로벌 서비스로 성장할 가능성까지 내포하고 있다. 이것이 실리콘밸리를 중심으로 성장했던 블루보틀, 포틀랜드의 에이스호텔 같은 로컬 브랜드가 머지 않아 우리 주변에서도 탄생할 수 있는 이유다.

4차 산업혁명 시대에 우리가 주목해야 할 것은 '연결'이다. 사람과 사람의 연결, 사람과 공간의 연결, 사람과 지역의 연결은 지역만의 콘텐츠에 기반하는 지속가능하며 미래 지향적인 동네로 나아가는 시작점이 될 것이다. 로컬 비즈니스가 다양한 영역에서 시상성을 가지고 자립할 수 있는 사회가 된다면, 언젠가 크리에이터 중심의 소프트웨어 도시에서 개인의 취향을 소비하는 날도 올 것이다.

홍주석

도시 콘텐츠 스타트업 어반플레이 대표로서 지역 커뮤니티 공간인 '연남방앗간', '연남장'의 기획 및 운영을 총괄했다. 다년간의 지역 문화 프로젝트 수행 경험을 바탕으로 최근에는 로컬 크리에이터 중심의 동네 경험 서비스인 '쉐어 빌리지' 프로젝트를 추진 중이다.

지역 빵집이 세상을 바꿀 수 있다면

성심당 이사 김미진

경부선 KTX, 대전역 일대와 서울역에서는 성심당 쇼핑백을 들고 걷는 사람을 어렵지 않게 볼 수 있다. 소위 '빵순이'를 자처하는 젊은이들의 순례 목록에서 성심당이 최상단을 차지하고 있는 것은 물론이고, 중장년층 역시 대전을 방문할 때면 튀김소보로 선물 세트 하나쯤은 으레 사야 하는 것으로 여긴다. '교황의 식탁에 오른 빵', '미슐랭 가이드에 오른 국내 최초의 빵집', '이영자가 인증한 맛집', '대전의 자존심' 등 오늘날 성심당을 묘사하는 수식어는 화려하기 그지없다. 그러나 남편 임영진 대표와 함께 성심당을 운영하는 김미진 이사는 오늘의 영광보다 숭고한 미래를 바라보고 있다.

> 지난 60여 년 동안 성심당은 그야말로 다사다난한 과정을 거쳐왔다. 먼저 창업 과정을 간결하게 되짚어보자.

독실한 가톨릭 신자였던 창업주는 함경남도 함주 출신으로 한국전쟁 중 종교 탄압을 피해 월남했다. 영화 〈국제시장〉에도 등장한 흥남 철수 당시 창업주 일가족은 메러디스 빅토리호에 몸을 실었고, 잠시 거제도에 머문 뒤 진해에 정착했다. 이후 서울로 이주하고자 열차를 타고 이동하던 중 열차 고장으로 의도치 않게 대전에 머물게 됐고, 성당에서 원조받은 밀가루 두 포대로 찐빵집을 시작한 것이 오늘날 성심당의 기원이다.

당시 대전은 철도가 지나가는 교통의 요지로 전후 원조 경제의 대표적인 식품 중 하나였던 밀가루가 다량 유통됐다. 또한, 대전 주변 평야지대에서도 밀이 많이 재배됐기 때문에 이를 저렴한 가격에 매입해 비교적 수월하게 찐빵집을 운영할 수 있었다. 덕분에 1958년, 월세로 작은 가게를 마련한 뒤 업종을 제과점으로 변경했다. 당시에는 빵이 선진국 음식이라는 이미지가 있어 고급 식품으로 통했다. 답례품으로 인기가 많았던 것은 물론이고, 카페 문화가 없던 시대였기 때문에 제과점은 대표적인 만남의 장소이기도 했다. 그래서 1960~1970년대를 거치는 시기에는 운영이 전반적으로 순조로웠던 편이다.

> **성심당을 아들 임영진 대표가 가업으로 잇게 된 계기는 무엇인가.**

남편 임 대표는 어린 시절부터 이런저런 일을 돕긴 했지만, 빵집을 이어받을 생각은 없었다고 한다. 그런데 1974년 여름, 공장장을 비롯한 제빵 기술자 다섯 명이 종적을 감추는 사건이 발생하면서 상황이 바뀌었다. 이 사건은 제과점 수보다 제빵 기술자 수가 적었던 업계 상황과 소유주가 제빵 과정에 관여하지 않는 영업 방식 등이 복합적으로 영향을 미쳐 발생했다. 임 대표는 가게를 살리고자 제빵 기술을 배우며 본격적으로 빵집 운영에 참여했다. 당장 정상적인 영업이 어려울 정도로 큰

위기였지만, 부단한 노력을 통해 성심당의 제조 공정 전반을 직접 관리하기 시작했다.

> 위기를 겪은 뒤 맞이한 1980년대에 간판 상품 '튀김소보로'가 개발됐다.

그때는 제과점이라 해도 빵 종류가 많지 않았다. 단팥빵, 소보로, 크림빵, 도넛 정도였고 당시 대전에 있던 제과점에서는 어디나 비슷한 빵을 내놓고 있었다. 그때 임 대표는 새롭게 합류한 오용식 공장장과 함께 우리만의 빵을 개발하겠다고 결심했다. 일반적인 빵집의 주력 메뉴였던 단팥빵의 달콤함, 소보로의 고소함, 도넛의 바삭함을 모두 담은 새로운 빵을 만들고자 했고 그 결과로 기획된 빵이 바로 튀김소보로다.

성심당의 대표 상품인 튀김소보로

> 요즘은 고급 디저트나 빵이 대중화됐다. 그런데 튀김소보로는 한국적인 빵이면서도 여전히 남녀노소 가리지 않고 입맛을 사

로잡고 있다. 그 비결이 무엇이라고 생각하나.

튀김소보로는 한국인이 본능적으로 좋아하는 여러 식감과 맛을 두루 품고 있다. 취향에 따라 다르지만, 대체로 바삭한 음식은 누구나 좋아한다. 거기에 더해 팥앙금 특유의 은근한 달콤함도 매력적이고, 소보로의 고소한 맛도 일품이다. 특히 수십 년째 1,500원이라는 저렴한 가격을 유지하고 있어 부담 없이 구매할 수 있다는 장점 역시 인기에 한몫한다. 그러나 1990년대 전후로는 튀김소보로를 비롯한 효자 메뉴들이 한동안 찬밥 신세였던 적도 있다.

시장 상황 변화에 따른 대응 과정에서 문제가 발생한 것인가.

그렇다. 1990년대가 되면서 아파트 주거 양식을 중심으로 하는 라이프스타일이 형성됐고, 그에 발맞춰 단지 내 상가를 기반으로 프랜차이즈 베이커리가 일상에 침투하기 시작했다. 그리고 1988년 올림픽 개최를 계기로 해외여행 자유화 조치가 내려지면서 크루아상, 바게트와 같은 유럽식 빵이 국내에 도입돼 인기몰이를 했다. 물론 우리도 시대 변화에 발맞춰 신메뉴 개발에 투자를 아끼지 않았지만, 어느 순간부터는 끝도 없이 바뀌는 트렌드를 좇는 것이 힘겨워졌다. 엎친 데 덮친 격으로 대전 서부의 둔산 지구가 새롭게 개발되고 핵심 관청 대다수가 이전하면서 성심당 주변 대흥동, 은행동 일대 상권이 쇠퇴하기 시작했다. 이와 더불어 자금난과 같은 여러 내부 문제 속에서 기존 효자 상품에 대한 관심도 시들해졌다. 그러다 2005년 본점 생산 설비가 대부분 전소된 화재가 발생했다.

다시 일어설 엄두를 낼 수 없을 정도로 큰 화재였다고 하던데.

화재를 겪은 이후로는 빵집을 하는 이유와 성심당의 정체성에 대해서 진지하게 고민하기 시작했다. 그 결과 우리는 새롭게 시작하겠다는 뜻을 담아 '모든 이가 다 좋게 여기는 일을 하도록 하십시오'라는 사훈을 내세웠다. 여기서 '모든 이'란 고객만을 의미하지 않는다. 협력사, 거래처까지 아우르는 개념이며 가난한 이와 부유한 이를 가리지 않는 보편적 가치를 좇겠다는 뜻을 담았다.

또한, 가장 많은 사랑을 받던 빵의 매력과 가치를 되돌아보기 시작했다. 유행 변화에 따라 신규 상품 개발에만 집중하면 그만큼 아이템이 많아지고, 맛에 집중하지 못하기 때문이다. 그 결과 튀김소보로, 판타롱부추빵 등 대표 메뉴의 패키지와 제조 공정을 새롭게 정비했다. 이러한 내부적인 노력에 더해 미디어의 조명까지 받으며 성심당은 극적으로 부활할 수 있었다. 그리고 뒤이어 개발한 선물 세트가 인기를 얻으면서 그 유명세는 전국으로 퍼져나가기 시작했다.

> 이제 대전을 방문한 여행객이 튀소, 부추빵 선물 세트를 들고 기차에 오르는 모습은 당연하다고 여겨질 정도다.

선물 세트 아이디어는 일본 방문길에 우연히 발견한 카페에서 얻었다. 이 상품은 성심당이 대전역에 입점하면서 폭발적인 관심을 얻기 시작했다. 튀김소보로를 구매하고 싶어도 성심당 점포가 원도심에 있어 방문 구매를 망설였던 이들이 대전역을 오가며 간편하게 선물 세트를 구매할 수 있었고, 덕분에 KTX에는 성심당 쇼핑백과 선물 세트 상자를 든 이들이 하나둘 늘어나기 시작했다. 그것이 튀김소보로가 전국적인 인지도를 지닌 상품으로 뻗어나가는 데 엄청난 영향을 미쳤다.

> 오로지 대전에서만 구매할 수 있다는 것이 희소가치를 만들어내는 것 같다.

만약 천안 호두과자가 고속도로 휴게소가 아닌 천안에서만 판매되는 상품이었다면 천안이 맛의 도시, 관광 도시가 될 수도 있었을 것이란 얘기를 임 대표가 종종 한다. 이처럼 식음료 상품은 특정 도시에 남아 있어야만 명물이 되고 가치 있는 상품으로 인정받는 측면이 있다. 마찬가지로 튀김소보로는 지역의 문화와 정서, 추억을 담은 빵이고 나름의 스토리와 역사가 있어 유명한 것이 아닐까? 고객은 빵에 얽힌 무형적 요소에 매력을 느낀다. 그래서 비록 최고의 맛은 아닐지라도 그 맛이 기억에 깊이 남는 것 같다.

전국적인 인지도를 얻는 데 기여한 성심당 대전역점

> 사실 대전은 도시 브랜딩이 명료하진 않다. 부산의 바다, 전주의 먹거리와 같은 뚜렷한 상징이 없다고 볼 수도 있는데, 대전의 지역성은 성심당에 어떤 영향을 미쳤나.

일단 대전은 관광 도시가 아니다. 그리고 내륙 교통 요지에 있어 숙박 수요가 적다. 방문자는 대부분 이 도시에 머물기보다 특정 장소에 들른

후 곧바로 떠난다. 결정적으로 KTX가 생기면서 그나마 있던 호텔들마저 상당수 문을 닫았고, 그동안 성심당은 지역 내 수요를 바라보며 베이커리 운영을 이어왔다. 물론 전국적인 인지도를 얻은 이후로는 타지역 분점에 대한 유혹이 많았다. 인생에 몇 번 없을 좋은 기회라는 이야기에 마음이 흔들리기도 했지만, 해외의 로컬 베이커리 사례를 접하며 '찾아가고 싶은 빵집'이 되겠노라 마음을 다잡았다. 하지만 속으로는 걱정이 많았다. 앞서 언급한 대로 대전은 관광 도시가 아니고, 원도심 일대는 찾아오기도 어려우며, 주차장도 부족했기 때문이다. 그 무렵 서울 소공동 롯데백화점 본점 팝업스토어를 성황리에 마쳤고, 유통업계의 러브콜이 한층 더 거세졌다. 여러모로 마음이 흔들릴 때 일을 돕는 박창호 PD의 한마디가 마음속 깊이 파고들었다.

"만약 영국 엘리자베스 2세 여왕이 한국을 방문한다면 성심당 롯데백화점 분점을 가고 싶을까요? 아니면 성심당 대전 본점을 가고 싶을까요?"

한 방 먹은 느낌이었다. 본점은 성심당 고유의 철학이 녹아 있으므로 우리다운 매장이라고 할 수 있지만, 분점을 냈을 때도 과연 완성도 높은 점포를 구현할 수 있을지 의문이 들었다. 또한 분점에서 일하는 직원도 성심당만의 DNA를 지니고 있어야 하는데, 인사 관리가 어려울 것으로 판단해서 오히려 본점에 더욱 집중하기로 했다.

/ **지역 창업을 준비할 때 주의해야 할 점은 무엇이라고 보나.**
사실 이런 주제에 대한 의견을 밝히기가 조심스럽다. 창업을 준비하는 분들에게 성심당은 이미 거대 기업으로 여겨지기 때문이다. 그러나 우리도 밀가루 두 포대로 시작했고 산전수전을 겪어왔다. 그 경험을 토대로 얘기해보자면, 일단 조급한 마음을 버려야 한다. 요즘은 올해 창업하고 내년에 성공하고 싶어 하는 사람이 참 많다. 물론 성심당과 같은 성공 사례는 대체로 결과론적인 관점에서 분석될 수밖에 없지만, 그 속에는 60년에 걸친 영광과 눈물이 함께 담겨 있음도 간과해서는 안 된다. 결국은 흔들리지 않고 끝까지 버티는 것이 관건이고, 조금 더 멀리 보고 긴 호흡으로 사업을 대해야만 값진 성공을 거둘 수 있을 것이다. 한편 창업 아이템이 획일화되는 경향이 있다는 점도 조금 아쉽다. 근본적으로 왜 이 사업을 운영하는지에 대한 고민이 필요하다. 그런 고민 없이는 위기 앞에서 뚝심 있게 사업 운영을 밀고 갈 수 없다. 같은 맥락에서 허드렛일을 성실하게 수행하는 자세도 꼭 필요하다. 매장 청소, 창고 정리 등의 기본적이지만 고된 일을 해내야 사업의 본질을 지켜낼 수 있다고 본다.

끝으로 지향하는 가치 또는 목표를 듣고 싶다.

성심당은 최근 경영을 통해 공동선을 실현할 수 있다는 EoC(Economy of Communion) 철학을 따른다. 이는 개인을 넘어 기업과 산업의 영역에서 더 높은 차원의 재화 공유를 실천하는 것을 의미한다. 가톨릭 신앙에서 시작해 보편적인 사회 운동으로 확장돼나간 이 철학은 성심당이 걸어온 길과 맞닿아 있다. 그동안 포괄적인 개념에서 착한 기업으로 일해왔다면, 이제부터는 환경 문제나 기후 문제에 대해서도 책임감 있는 자세로 대응해나갈 예정이다. 그래서 요즘은 다른 가치를 창출하는 매체로서 빵을 대한다. 우리에게 빵이란 생계 유지의 수단은 맞지만, 지역 활성화, 사랑의 공동체, 빈곤 문제 해결 등 제3의 가치를 만들어나갈 수 있는 동력이기도 하다. 처음에는 빵으로 무엇을 할 수 있겠냐고 생각했다. 그런데 요즘은 열심히 노력하면 빵으로도 얼마든지 세상을 바꿀 수 있다고 생각한다. 이는 애정을 담아 빵을 만들면 그 빵을 먹은 사람이 행복해지고, 긍정적인 선순환의 고리가 만들어지지 않겠냐는 의미이기도 하다. 앞으로도 한결같은 맛과 서비스로 지역과 더 큰 공동체에 이바지하는 로컬 베이커리로 남고 싶다.

김미진

1982년 임영진 대표와 결혼 후 홍보이사로 재직하며 성심당의 정체성을 담은 문화 콘텐츠를 총괄하고 있다. 또한 EoC(Economy of Communion, 모두를 위한 경제) 한국 책임자로 기업 안에서 사랑과 나눔의 문화를 확산시키고 있다.

지역 빵집이 세상을 바꿀 수 있다면

속초에서 발견한
서점업의 본질

속초 동아서점 매니저
김영건

출판업, 서점업의 위기가 비단 어제오늘의 일은 아니다. 1인당 평균 독서량은 매년 최저점을 경신하고 있고, 유수의 서점과 유통사가 도산하며 사회적으로 큰 충격을 안기기도 했다. 이런 상황 속에서 젊은 세대를 중심으로 인기를 얻고 있는 독립 출판, 책방 문화는 서점업의 새로운 희망으로 주목받고 있을 뿐만 아니라 서울 홍대, 해방촌 일대에 정착해 지역 활성화를 이끌기도 했다.

유행의 숨 가쁜 오르내림과는 거리가 먼 지방 도시 속초에 있는 동아서점은 얼핏 보기에 이런 흐름과는 관련이 없어 보인다. 그러나 오늘도 이 서점을 찾는 젊은 여행객의 발길은 끊이지 않는다. 동해안 소도시에 있는 서점은 어떤 매력으로 밀레니얼의 취향을 사로잡은 것일까? 부친과 함께 서점을 운영하는 김영건 매니저는 담백하면서도 꾸밈없는 문장으로 속초와 서점업에 대한 생각을 밝혔다.

> 2015년, 60년 동안 운영하던 서점을 이전 오픈했다. 리뉴얼을 결심한 이유가 궁금하다.

2005년부터 2014년까지, 약 10년 동안 동아서점은 침체기를 겪었다. 당시 우리 서점은 허름하면서도 손님이 없는 전형적인 낡은 책방이었다. 아버지의 권유를 받고 서점을 돕기 위해 속초로 돌아왔을 때, 생계 유지를 위해 운영하던 서점이 역으로 가족의 생계를 위협한다는 생각이 들었다. 이대로 운영할 수 없다고 판단했고, 그래도 서점을 포기할 수는 없어 리뉴얼했다. 당시에는 하루 열 명에서 스무 명 정도 꾸준하게 손님이 드나드는 것을 목표로 삼았다.

> 리뉴얼 과정에서 특별히 신경 쓴 부분이 있나.

미디어에서는 새로 단장한 서점의 인테리어나 공간적인 특성에 주목했다. 그러나 사실 인테리어는 리뉴얼의 핵심이 아니다. 인테리어는 유행을 탈 수밖에 없고, 예쁜 공간은 시간이 흐를수록 늘어만 간다. 그런 측면에서 우리가 주목한 것은 책 그 자체였다. 보통 지역에 있는 소형, 중형 서점은 도매상을 통해 자동으로 배본받은 책을 매대에 올리는데, 이는 수없이 쏟아져 나오는 신간을 소화해내기 위해 부득이하게 택하는 일반적인 유통 방식이다. 리뉴얼 과정에서 가장 먼저 했던 일은 바로 그런 납품 시스템을 중단하는 것이었다. 자동 배본을 받지 않는 대신 서점에 들어오는 모든 책을 전부 직접 주문한다는 원칙을 세웠다. 이 공간 안에는 3만여 권의 책이 있는데 분야별로 직접 선별해 들여놓았고 지금도 그렇게 책을 주문한다.

> 굉장히 힘든 작업이었을 것 같은데, 그렇게 해야만 했던 이유는 무엇인가.

손님 중에서는 책이 모두 적절한 위치에 꽂혀 있다고 평가하는 분들이 있다. 아마도 배본받은 책을 일반적인 서적 분류대로 진열한 서점에 비해 각각의 책이 눈에 잘 들어온다는 의미가 아닐까 생각한다. 리뉴얼 과정에서 의도했던 것은 물론이고, 방문객에게 좋은 책을 엄선해 소개하고 싶다는 마음도 있었다.

벽면 서가에는 주로 구색을 갖추기 위한 서적이 있고, 중앙부 잘 보이는 곳에는 우리만의 시선이나 기획을 담아 소개하는 책이 있다. 요즘은 작은 서점들이 시중의 모든 책을 소화하기보다 장르, 작가 등을 기준으로 책을 선별해 생존을 모색하지 않나. 우리 서점의 고유한 배치 방식이나 큐레이션 역시 나름의 생존 전략이다.

매력적인 주제와 책 선정이 돋보이는 동아서점의 큐레이션 서가

/ 미디어에서는 대체로 '3대'란 키워드를 강조한다. 실제로 리뉴얼 과정에서 전승된 운영 노하우가 있다면?

아버지의 모습을 곁에서 보며 깨달은 것이 있는데, 서점을 운영하는 것

역시 본질적으로는 자영업이라는 아주 기초적인 덕목이다. 그런 덕목을 중시했기 때문에 아버지는 매일 매장을 깨끗이 관리한다는 원칙을 지켜오셨고, 나 역시도 마찬가지로 청소를 게을리하지 않는다. 그리고 서점업이 겉보기에는 낭만적인 것 같지만, 사실은 몸을 많이 써야 하는 일이다. 60대 후반인 아버지는 지금도 책이 50권가량 든 상자를 들고, 풀고, 묶는 일을 직접 한다. 책을 예쁘게 진열하고 판매하는 겉모습의 이면에 그런 고충이 있다는 점 역시 어렸을 때부터 서점을 드나들며 직간접적으로 배웠다.

/ 최근 출판 시장은 여러 의미에서 주목받고 있다. 신간의 숫자가 날로 늘어나는 반면, 1인당 도서 구매량은 정체와 감소를 반복한다. 그리고 대형 서점, 총판을 통한 유통 시스템이 그대로 남아 있는 와중에, 일부 소비자는 독립 출판물, 장르 책방 등 새로운 콘텐츠와 유통 방식에 매력을 느낀다.

서적 소비 형태가 변화하고 있지만, 10년 전과 비교했을 때 큰 흐름은 변한 것이 없어 보인다. 예를 들면 베스트셀러 목록에 드는 책이 다양해졌다고 해도 기획 구성과 내용상 큰 변화는 없다. 물론 1인 출판과 같은 대안적인 제작, 마케팅 방식을 활용한 베스트셀러가 등장했다는 점은 눈길을 끈다. 『죽고 싶지만 떡볶이는 먹고 싶어』, 『언어의 온도』 등이 대표적인 예다. 하지만 그조차도 마음에 위로를 주는 메시지를 담은 책이라는 점에서 기존 소재에 그대로 머물러 있다는 생각이다.

/ 그렇다면 서점업의 본질은 무엇이라고 생각하나.

일개 서점의 입장에서 거창한 주제를 논하는 것이 쉽진 않다. 나는 서점이 책을 소개하고 판매하는 공간이라는 점을 명확히 전제하는 것이 중요하다고 본다. 간혹 서점을 문화 공간으로 정의하거나, 공익적인 취지로 서점을 열었다는 등의 이야기를 듣는데, 그것이 과연 건강한 지향점인지 의구심이 든다. 일반적으로 서점을 운영한다면 책을 판매해서 그 수익으로 생계를 이어가야 한다. 만약 목표를 생계 유지가 아닌 다른 가치에 둔다면, 결국 그 서점은 서적 판매를 부가적인 수단으로 여기는 것이 아닐까? 이는 서점업에 임하는 자세와도 연결되는 문제라 생각한다. 물론 누군가를 비난하려는 것은 아니지만, 우리 가게의 입장에서는 그런 자세를 이해하기 어려운 것이 사실이다. 어떤 슬로건을 가지고 무엇을 표방하든, 상점이 운영하는 사람의 생계 수단일 때 가장 건강한 형태를 취한다고 본다.

지역 서점을 운영하는 입장에서 지방을 여행하는 젊은 여행자들이 서점을 찾는 이유가 무엇이라고 생각하나.

흥미로운 현상이라고 생각한다. 서점을 맡은 지 1~2년 정도 되었을 때도 비록 숫자는 적었지만, 여행 중에 들르는 사람이 있었다. 당시에는 그런 모습을 전혀 이해하지 못했다. 여행지에서 구매한 책은 무거운 짐이 돼버리기 때문이다. 심지어 나도 여행 중에는 그런 불편함 때문에 되도록 책을 사지 않으려고 한다. 그런데도 여행을 와서 서점을 방문한다는 것은 속초에 그만큼 갈 곳이 없기 때문은 아닐까? 속초를 방문하는 젊은 여행객의 처지에서 생각해보면 대부분이 카페에 가서 커피를 마시고, 사진 촬영 명소를 방문하고, 맛있는 음식을 먹을 것이다. 그런 뒤에 할 만한 것이 무엇일까 생각해보면 마땅히 즐길 만한 콘텐츠가 없다. 그렇기에 아이러니하게도 서점이 주목받게 됐다고 생각한다.

다른 지역에도 알려지기 시작한 시점이 있을 텐데, 그 시점을

기준으로 '속초=서점'이란 인식이 확대된 것은 아닐까?

동아서점은 교보문고나 영풍문고 같은 대형 서점이 새롭게 단장하기도 전에 리뉴얼을 진행했다. 당시 한국에서는 서점을 리뉴얼해야 한다는 개념 자체가 논의되지 않았고, 우리는 아무런 국내 사례가 없는 상황에서 진행해야 했다. 그런데 언젠가부터 많은 서점이 리뉴얼을 논하기 시작했고, 대형 서점들도 이에 뛰어들었다. 우리 서점은 그 이전에 새단장을 마쳐 상대적으로 이른 시기에 과분한 주목을 받았다. 어쩌면 속초를 말할 때 서점을 떠올리게 된 것 역시 그런 상황적 맥락이 있었기에 가능했던 것이 아닐까.

동아서점과 마찬가지로 대를 이어 운영하는 속초 문우당서림

최근 속초에서 주목받는 공간인 칠성조선소, 문우당서림, 동아서점 등은 대를 이어 운영하는 공간이라는 공통점을 갖고 있다. 속초에 유독 이와 같은 사례가 많은 이유는 무엇일까?

질문에서 언급된 현상은 관광 도시라는 특성에서 기인한다고 생각한다.

보통 삼척, 동해, 속초 등 강원도 동해안에 있는 소도시에서 나고 자란 청년들은 그 지역을 떠나는 것을 일반적인 인생 경로로 여긴다. 나 역시도 마찬가지였다. 어떻게든 서울에 있는 대학을 졸업하고, 서울에서 직장을 잡고 사는 것을 소위 '출세'라고 여겨왔다. 그런데 최근 들어 한적한 어촌이었던 속초가 관광지로 주목받기 시작하면서 지역 내에서도 무언가 해볼 기회가 늘어난 느낌이다. 수도권과 왕래가 잦아진 것은 물론이고 물리적인 거리도 가까운 편이어서, 최근에는 대도시와 문화적, 산업적으로 다양하게 연계되고 있다. 그 결과 속초 출신 청년들이 고향으로 돌아오는 것을 합리적인 선택지로 진지하게 고민하기 시작한 것 같다.

주민이자 지역 서점의 운영자로서 관광 도시 속초의 장단점은 무엇이라고 생각하나.

아쉬운 점이 먼저 떠오르는데, 세간의 관심에 비해 도시를 채우고 있는 콘텐츠가 알차지 못한 것 같다. 20여 년 전, 큰불로 전소된 속초중앙시장을 관광형 시장인 '속초관광수산시장'으로 새롭게 꾸민 것을 계기 삼아 속초는 관광 도시로 거듭나기 시작했다. 또한 같은 시기에 만석닭강정과 같은 먹거리가 미디어를 통해 노출되면서 속초를 대표하는 명물로 자리 잡았으나, 그 기반은 굉장히 빈약한 편이다. 먹거리 한두 개 정도를 콘텐츠로 삼았다고 할 수 있는데, 잘 되는 닭강정 가게 주변으로 닭강정 가게가 여럿 생기고, 유명한 순댓집 주변으로 순대를 파는 식당만 여럿 생기는 식이다.

터미널에서 수산시장을 거쳐 동아서점까지 이어지는 길을 살펴보면, 속초 중심가에 있는 가게들은 대체로 관광객의 기호에 맞춰 운영한다는 것을 알 수 있다. 이를 관광 친화적이라고 해석할 수도 있겠지만, 정작 속초다운 무언가가 보이지 않아 토대 없이 붕 떠 있는 것 같기도 하다.

그렇다면 속초다운 것은 무엇일까? 속초는 한국전쟁 당시 수복된 지역이고, 실향민이 모여 살던 마을이 도시로 성장한 경우다. 시간이 조금 흐른 뒤에는 주변 해역에서 명태가 많이 잡혀 전국에서 뱃사람이 모여들었고, 지금도 기본적으로는 어촌의 모습을 지니고 있다. 즉, 속초는 비슷한 인지도를 지닌 다른 도시에 비해 역사가 깊지 않을뿐더러 규모가 작은 편이라 고유한 콘텐츠가 부족해 보이는 것일 수도 있다. 지금은 속초가 주목받고 있다고 하지만, 그 안에 지역만의 특색이 담겨 있지 않다면 그저 한순간 반짝하고 사라질지도 모를 일이다.

수도권이 아닌 지방 도시에서 사업을 운영하는 것의 장단점은 무엇인가.

아무래도 임대료가 저렴하다는 것이 가장 큰 장점이다. 최근 속초에 내려와서 작은 카페를 창업한 사장님과 종종 이야기를 나누는데, 원래는 서울에서 카페를 운영하던 분이다. 이주를 고민하며 공간을 보러 다닐 때, 속초 중심가의 상가 임대료가 굉장히 저렴해서 손쉽게 이주 결정을 내릴 수 있었다고 한다. 이와 같은 임대료 차이는 지방 도시에서 창업할 때 큰 이점으로 작용한다.

반면 도시 인프라가 하향 평준화돼 있다는 것은 염두에 둬야 할 단점이다. 여기서 인프라란 물리적인 시설뿐만 아니라 제도와 같은 무형적인 시스템, 그리고 문화적인 측면까지 아우른다. 이를테면 속초에 내려와서 서점 운영을 시작할 무렵 도서 기획전을 준비했는데, 당시만 해도 속초 시민 대다수가 도서 기획전이 무엇인지 알지 못했다. 이처럼 수도권 및 대도시에서는 익숙한 사업 아이템이나 문화가 지방 도시에서도 보편적일 것으로 생각하면 어려움을 겪을 수 있다.

> 홍대, 해방촌 등 대중이 즐겨 찾는 동네 중 상당수에서 서점이나 책방이 지역 활성화의 선구자 역할을 하기도 했다. 그 비결은 무엇일까?

책이란 일상생활에 필수적인 요소가 충족됐을 때 찾는 것이고, 다른 한편으로는 즐겨 찾을수록 일상에 활력소가 되기도 한다. 이러한 책의 특성이 서점과 지역의 선순환을 이끌어낸다고 생각한다. 이를 달리 해석해보면 문화에 관심이 있는 사람, 혹은 라이프스타일에 민감한 사람들이 책에 관심이 많은 편이라고도 생각할 수 있다. 그래서 매력 있는 서점이나 책방이 자리 잡은 동네에 그런 취향을 지닌 사람들이 함께 정착해 다채로운 동네 콘텐츠를 만들어내는 것이 아닐까? 물론 이 주장은 필연적인 인과 관계라기보다는 개연성에 기반한 추측에 가깝다.

위와 같은 경향과 직접적인 관련이 있는 것은 아니지만, 동아서점이 리뉴얼해 자리 잡은 이후로 동네에 많은 변화가 생겼다. 가깝게는 문우당서림이 리뉴얼을 진행 중이고, 근처에 다양한 가게들이 새로 자리를 잡았다. 그런 모습을 보면 동아서점이 좋은 분위기를 만드는 데 일조한 것 같아 뿌듯하기도 하다.

김영건

1987년에 속초에서 태어났다. 2015년부터는 아버지의 뒤를 이어 속초에서 동아서점을 운영하고 있다. 2017년에 책 『당신에게 말을 건다』를 썼고, 2018년에 책 『나는 속초의 배 목수입니다』(공저)를 썼다.

속초에서 발견한 서점업의 본질

가장 지역적이면서도 보편적인 음료

무등산 브루어리 대표
윤현석

2011년을 전후로 이태원 경리단길에서 시작된 수제 맥주 열풍은 어느덧 전국 방방곡곡 뿌리를 내렸다. 천편일률적인 기존 맥주와 다른 매력적인 풍미에 젊은 세대는 열광했고, 지역에서 만들어지는 다양한 수제 맥주는 로컬 문화를 대표하는 아이콘으로 당당히 자리매김했다. 이제 맥주를 좋아하는 이라면 로컬 브루어리를 그냥 지나치지 않을 정도다. 2017년 영업을 시작한 무등산 브루어리는 국내 로컬 브루어리 중에선 후발 주자다. 그러나 광주·전남 지역의 산업적, 문화적 자산을 재치 있게 재해석해 흥미로운 맥주 라인업을 구축하고 있다. 무등산 브루어리의 윤현석 대표는 마주 앉은 자리에서 로컬 생산품인 수제 맥주의 가치를 힘주어 강조했다.

> 무등산 브루어리 대표인 동시에 지역 문화 기획사 컬쳐네트워크 대표 이사도 겸하고 있다. 광주에서 나고 자란 토박이로서

로컬 비즈니스를 운영하게 된 과정이 궁금하다.

태어나서 대학원을 졸업하기까지 줄곧 광주에서 살았다. 학부에선 경영학을 전공했지만, 문화경영 전공으로 석사 과정을 졸업하고, 지역개발학 박사 과정을 이수하며 지역 문화에 관심을 갖게 됐다. 석사 과정을 마친 직후 관련 공공 기관에 입사했는데, 역할이 주체적이지 못하다는 느낌을 받았다.

고민하던 차에 퇴사 후 설립한 회사가 바로 (주)컬쳐네트워크다. 처음에는 해외 사례를 참고해 크라우드 펀딩 플랫폼을 런칭하고, 이후 지식 공유 플랫폼을 만들기도 했다. 그러나 당시에는 사업 경험이 적어 수익 모델을 구체적으로 설계하지 못했다.

그런 경험을 바탕으로 무등산 브루어리를 만든 것인가.

플랫폼 운영의 한계를 절감할 무렵 생긴 가장 큰 고민은 "왜 무형적인 콘텐츠를 통해서만 지역 문화를 기획해야 하는가"였다. 가치 지향적인 사업을 운영하기 위해서 안정적으로 수익을 낼 수 있는 용역 사업에 몰두해야만 하는 상황에 대해 고민이 많았고, 그동안의 경험과 아이디어를 바탕으로 보다 직관적인 사업을 고안하고자 노력했다. 그때 눈에 들어온 것이 제조업이었다. 제조업은 서비스업과 콘텐츠업에 비해 가시적인 결과물이 있어 직관적이고, 사회적으로 그 가치가 높게 평가된다. 마침 현대카드와 함께 '1913 송정역시장 프로젝트'를 총괄하는 과정에서 시장에 있는 '밀밭양조장'이란 브루어리와 교류할 기회를 얻었고, 지역의 지리적, 문화적 성격을 온전히 반영한 생산물인 수제 맥주에 매료됐다. 광주 일대는 전국에서 우리밀을 가장 많이 생산하는 지역으로, 로컬 브루어리 런칭을 위한 훌륭한 조건을 갖추고 있었다. 게다가 기존에 우리밀을 활용한 로컬 푸드 상품은 라면, 빵 등이 전부였기 때문

가장 지역적이면서도 보편적인 음료

에, 수제 맥주를 통해 새로운 부가 가치를 창출할 수 있겠다는 확신도 섰다. 그래서 2017년 무등산 브루어리를 설립한 뒤 수제 맥주를 만들기 시작했다.

지역성을 내세운 무등산 브루어리의 맥주

> 창업 못지 않게 중요한 것은 안정적인 비즈니스 모델을 정착시키는 과정이다. 무등산 브루어리의 초기 영업 전략은 무엇이었나.

로컬 콘텐츠 상품의 일종으로 수제 맥주를 택한 셈이었기에, 초기에는 아무래도 맥주에 대한 이해가 깊지 않았다. 그래서 다른 브루어리 운영자들에게 조언을 구했고, 나름의 고민을 거쳐 사업 방향을 정했다. 일단 맥주의 생산, 유통, 판매 과정이 모두 마을 내 특정 공간에서 이뤄지도록 했다. 이는 지역의 문화적 자산이라 할 수 있는 장소성과 지역성을 적극적으로 활용하기 위한 결정이었다. 광주 동명동 골목의 버려진 폐가를 재생해 첫 번째 공간을 차린 것에도 그런 의도가 담겨 있다. 또한, 주류 유통 전문 인력이 없다는 약점을 보완하기 위해 지역 공간을 매개로 판매하는 전략을 택했다.

상호를 정하는 과정에서는 시민뿐만 아니라 외부인도 공감할 수 있는 광주의 상징물이 무엇인지를 두고 고민을 거듭했다. 그때 무등산이 떠올랐다. 무등산은 광주 시민들에게 정신적인 지주와도 같은 데다, 외부인에게도 잘 알려진 명소다. 그래서 브루어리명을 '무등산'으로 정하고, '무등산 필스너', '광산 바이젠', '영산강 둔켈' 등 고유 지명을 활용해 상품명을 지었다. 앞으로는 '워메 IPA'처럼 지역 방언도 제품 브랜딩에 적극적으로 활용해볼 생각이다.

> 워메 IPA에 대한 이야기가 나온 김에 무등산 브루어리가 지역 농산물을 활용해온 방식에 대해 조금 더 자세히 소개해달라.

무등산 수박은 광주 지역에서 가장 유명한 특산물 중 하나다. 이 수박은 크고 당도가 높은 것으로 유명한데, 해외에는 미니 수박을 넣어 맥주를 주조한 사례가 있었다. 그래서 무등산 수박을 활용한 IPA 맥주를 기획해 생산했고, 지역의 향토적인 사투리인 동시에 수박의 영문명 '워터멜론'의 줄임말이기도 한 '워메'를 이름으로 붙였다. 내년 가을쯤에는 호박을 활용해 맥주를 만들 계획이다. 그리고 여름 시기에 맞춰 광주 인근 장성군의 특산품인 사과가 들어간 사이더 Cider(사과주)를 만들거나, 화순군의 복숭아로 향긋한 풍미를 지닌 맥주를 만들어보려 한다.

레시피를 직접 개발하고 제조하는 과정에는 상상을 현실로 구현한다는 성취감이 있다. 예전에는 광주를 비롯한 전남 일대에 품질 좋은 농산물이 많다는 것을 알면서도 "무언가 만들어보면 좋겠다"고 막연히 생각하기만 했는데, 지금은 브루어리 제조 역량을 살려 가공 상품을 생산할 수 있기 때문이다. 거기에 디자인, 마케팅 역량을 더해 열심히 달리고 있다.

가장 지역적이면서도 보편적인 음료

/ 앞서 언급한 마을 내 공간 중에서 첫 번째가 광주 동구 동명동에 문을 연 펍, 애프터웍스다. 기반 지역인 동명동의 특성은 어떠한가.

일제강점기 당시 행정·경제·법률 기능이 집중돼 있던 원도심의 배후지로 개발된 이래 1990년대까지 동명동은 광주를 대표하는 부촌 중 한 곳이었다. 처음부터 사회 지도층을 위해 개발된 주거지였기 때문에 도로와 주택의 배치가 상대적으로 여유롭다. 이런 동네의 특성은 1990년대까지 그대로 이어졌지만, 아파트 붐이 일고 신도심인 상무 지구가 개발되면서 잠시 침체기에 빠지기도 했다. 그러나 이곳에 있던 영재교육원 주변에 학원가가 형성된 것을 계기로 학부모를 상대하는 카페나 레스토랑이 하나둘 자리 잡기 시작했다. 거기에 더해 '커피프린스 1호점'처럼 카페 문화를 다룬 드라마가 인기를 끈 덕분에 광주에도 세련된 카페, 레스토랑 문화가 전파됐고, 특히 오래된 주택을 개조해 식음료 공간을 운영하는 영업 방식이 고급 주택이 많은 동명동에 자연스럽게 이식됐다. 이런 흐름이 시작된 것은 2006~2007년 무렵인데, 당시만 해도 이곳은 상권으로 인식되지 않아 임대료가 매우 저렴했다. 보증금 500만 원에 월세 40만 원 정도면 30~40평 매장을 임대할 수 있었다. 덕분에 창업하는 소상공인이 아르바이트생을 고용하고도 월 수백만 원의 매출을 기대할 수 있었다. 이런 사업 여건에 힘입어 색다른 감각으로 무장한 상점들이 늘어났고, 재미있는 공간이 많다는 입소문이 퍼지며 광주 시민들의 방문이 잦아졌다.

/ 최근엔 동명동도 소위 '뜨는 동네'가 직면하는 여러 문제를 겪고 있다고.

동명동이 날로 주목받기 시작하자 여유 자본이 있는 사업가들이 카페 주변에 식당을 차리기 시작했다. 요식 업계에는 "커피보다는 음식, 음식보다는 술"이란 말이 일종의 격언처럼 전해지는데, 이는 객단가를 놓고 보았을 때 음식·주류 판매업의 효율이 높을 수밖에 없다는 것을 의미한다. 사실 식당이 우후죽순 들어선 것 자체를 문제라 할 수는 없지만, 그 속도가 매우 빨라 동명동 주택 또는 상가 임대료가 단기간에 폭등하기 시작했다. 그 옛날 보증금 500만 원, 월세 40만 원에 임대한 공간을 지금은 보증금 3,000만 원에 월세 200만 원은 지불해야 임대할 수 있을 정도다.

이렇게 임대료가 폭등하면 공간의 완성도보다는 효율을 중시하게 되고, 이는 결국 자본의 싸움으로 이어진다. 최근 아시아문화전당 개관에 힘입어 이 지역을 찾는 관광객이 부쩍 늘긴 했지만, 흥미로운 콘텐츠를 지닌 공간은 갈수록 드물어지고 있다.

무등산 브루어리에서 운영하는 펍, 애프터웍스

가장 지역적이면서도 보편적인 음료

/ 보통 임대료 폭등을 젠트리피케이션 개념을 통해서 분석하는 경우가 많은데, 콘텐츠의 관점에서 동네의 매력이 줄어들었다는 이야기가 흥미롭다.

오늘날 동명동의 가장 아쉬운 점은 효율과 수익에만 급급한 나머지 상품이나 서비스를 직접 기획하고 개발하는 사업자의 수가 많지 않다는 사실이다. 이를테면 음식을 조리하지 않고 사전 조리된 식품을 활용하는 선술집, 별다른 고민 없이 유행하는 아이템을 택해 창업하는 경우 등을 예로 들 수 있겠다. 장인정신 없이 효율만 좇는 상권에서 만들어진 콘텐츠는 대체로 완성도나 독창성이 떨어지고, 명성을 듣고 찾아온 방문객은 실망하며 돌아서게 된다. 그러나 이런 현상은 비단 사업자만의 문제가 아니다. 건강한 동네 상권에 대한 고민은 도시 계획, 로컬 비즈니스, 라이프스타일 등 다양한 관점에서 살필 필요가 있다. 국내에서는 오히려 거대 자본을 투입해 편익을 취하려 하는 부동산 중개업자, 주류 유통사 등의 사업자가 로컬 콘텐츠의 건전성을 훼손하는 경우가 많다.

우리는 마이크로 팩토리 ■의 운영으로 나름의 해법을 찾기 위해 노력하고 있다. 단순하게 상품을 유통받아 판매하는 것이 아니라 지역 내에서 무언가를 만들어 판매하면 지역 경제 활성화, 커뮤니티 형성 측면에서 기반 지역과 긍정적으로 상생할 수 있을 것이라 생각한다.

■마이크로 팩토리 소형 제품을 생산할 수 있는 소규모 공장을 의미하며, 각종 자원을 절약할 수 있다는 장점이 있다.

/ 무등산 브루어리가 정의하는 로컬 브루어리, 타운 브루어리는 어떤 개념일지 궁금하다.

오늘날 교통, 통신의 발달로 지역에 따른 특수성이 희미해지는 추세지만, 몇몇 국가에서는 여전히 개별 지역마다 확연한 문화적 차이를 보이기도 한다. 일례로 유럽 내 일부 국가와 일본의 경우 각각 중세 시대, 전국 시대에 '영지'의 개념으로 지역이 형성됐기에, 지금도 지역에 따라 확연히 구별되는 전통과 문화를 보유하고 있다.

반면 한국은 일제강점기, 전쟁, 산업화 등 굴곡진 역사를 겪으며 지역성이 상당수 소멸됐다. 물론 산업화에 박차를 가하던 1960~1970년대에는 이런 획일적인 라이프스타일이 효율적인 국가 주도 메커니즘을 구성하는 데 도움이 됐다. 그러나 사회가 변화하면서 대중의 기호가 다양해진 요즘에는 사람들이 고유한 콘텐츠, 지역성 등을 놓고 고민하기 시작한다. 다원화된 취향을 두루 충족하기 위해서는 다양한 콘텐츠가 필요한데, 지역에 따른 특수성은 콘텐츠의 색다른 특성, 매력, 스토리텔링을 만들어내는 원천 중 하나이기 때문이다.

애프터웍스의 대표 상품인 무술커피스타우트와 츄러스

따라서 앞으로도 무등산 브루어리를 비롯한 수제 맥주 브루어리가 나아가야 할 방향은 지역성, 로컬리즘에 있다고 생각한다. 우리는 로컬의 강점을 향토적인 덕목에서 찾기보다는 오히려 '유일성'에서 찾는데, 이는 특정 지역, 특정 장소에 가야만 접할 수 있는 무언가를 의미한다. 아무래도 지역의 특산물을 활용해 수제 맥주를 만들기 때문에 자연스럽게 지역의 맛과 스토리텔링이 덧입혀지고, 그런 상품 제조 형태의 매력을 콘텐츠화하는 것이 곧 로컬 브루어리라고 생각한다.

/ 그렇다면 젊은 세대 사이에서 수제 맥주가 대표 로컬 상품으로 자리 잡은 것 역시 지역 콘텐츠가 지닌 매력 덕분인가.

로컬 브루어리의 관점에서는 그것이 가장 큰 요인이라고 생각하지만, 다른 이유도 얼마든지 있다. 개인적으로는 맥주가 전 세계 모든 발명품을 통틀어 가장 현지화가 잘 된 콘텐츠 중 하나라고 생각한다. 정치적 이념, 경제적 지위, 사회적 풍습 등에 구애받지 않고 제조되는 것은 물론이고 누구나 즐겨 마시는 술이기 때문이다. 게다가 맥주는 일상적이면서도 가벼운 술이다. 도수가 높지 않으므로 누군가와 만나는 상황에서 자연스럽게 대화를 끌어내는 매력이 있고, 어떤 상황이나 음식과도 두루 잘 어울린다. 즉, 진입 장벽이 낮은 맥주 고유의 특성에 힘입어 수제 맥주 역시 누구에게나 친근하게 다가가는 것이 아닐까? 물론 각각의 브루어리가 운영하는 공간, 로고, 상품 디자인의 다채로운 매력을 즐기는 재미도 쏠쏠하다.

/ 끝으로 무등산 브루어리의 목표나 지향점을 소개해달라.

일상적인 공간과 지역 안에도 다양한 이야기가 있고, 그런 게 언제든 재발견될 수 있다는 인식이 보편화되고 있는 것은 반가운 흐름이다. 이를 선도하는 것은 소규모 지역에 기반한 마이크로 팩토리 또는 라이프 스타일 관련 비즈니스와 같은 모델이라고 생각한다. 이들은 대중에게 영감을 주고, 색다른 콘텐츠를 선보여 가치 소비를 이끌어내며 궁극적으로는 경제적, 사회적 선순환을 이뤄낸다.

같은 맥락에서 무등산 브루어리는 대안적인 청년 창업을 지향한다. 앞으로도 고유성, 콘텐츠 가치 등의 개념에 따라 브루어리를 성장시키고, 지역 창작자들과 협업해 색다른 방식으로 사업을 운영해보고 싶다. 그러면 결과적으로 무등산 브루어리만의 마을 만들기도 이뤄낼 수 있지 않을까 생각한다. 물론 이런 주제는 주로 공동체란 키워드 안에서 접근하는 경우가 많다. 그러나 우리처럼 일상과 밀접한 상품을 제작하는 라이프스타일 스타트업이 결합하면 현실적으로 더욱 유효한 마을 만들기 활동을 전개할 수 있을 것이다.

윤현석

광주광역시를 기반으로 활동하는 문화 기획자, 청년 창업가로서 '1913송정역시장 프로젝트'와 '2017 세계청년축제' 등을 총괄했다. 현재는 (주)컬쳐네트워크, 무등산 브루어리 대표를 맡아 지역 사회에 기여하는 로컬 비즈니스 모델을 실험하고 있다.

Part 3. 코워킹

편집장 심영규
도움 김혜주

최근 다양한 코워킹 스페이스가 유행처럼 생겨나고 있다. 2014년 글로벌 코워킹 스페이스 위워크 WeWork가 국내에 본격 진출하면서 급격히 성장한 시장에 최근 국내 대기업까지 앞다퉈 진출하며 경쟁이 심화되는 추세다. 비슷한 임대료를 받으며 유사한 서비스를 제공하는 개성 없는 공간이 늘어감에 따라 이용자의 불만이 속출한다는 우려도 있지만, 시장의 성장을 위해서는 다양한 형태의 코워킹 스페이스를 지속적으로 시도할 필요가 있다. 본 파트에서는 기업형·체인형 코워킹 스페이스와 달리 고유한 개성으로 입주자와 지역민에게 다가가는 공간을 소개한다.

Insight

글로벌 코워킹 스페이스 트렌드

SLA엔지니어링건축사사무소 소장
이용원

　　최근 1인 기업, 창업에 대한 관심이 높아지고 스타트업의 수가 늘어남에 따라 효율적이고 창의적인 업무 공간의 중요성이 커지고 있다. 이와 관련해 리모트 워커 Remote worker뿐만 아니라 카페에서 작업이나 공부를 하는 사람들, 이른바 '카공족'도 급격히 증가했다.

　　코워킹 스페이스는 새로운 업무 환경의 변화에 맞춰 빠르게 늘어나고 있다. 일정 비용만 지불하면 카페보다 쾌적한 실내 환경을 보장받을 수 있고, 컬러 복합기, 음료, 회의실, 샤워 시설뿐만 아니라 건강 검진까지 제공되는 등 서비스의 종류도 날로 다양해진다. 또한 다양한 직종에 종사하고 서로 다른 전문 분야를 가진 사람들 간의 교류가 이뤄지는 장소로서 지금까지 없었던 가능성을 내포하고 있다.

　　이처럼 코워킹 스페이스는 업무 공간 이상의 기능과 가치를 지닌다. 이를 직접 확인하기 위해 한국, 일본, 대만 등 동아시아와 태국, 인도네시아, 베트남 등 동남아시아에서 운영 중인 다양한 코워킹 스페이스를 방문했다. 약 100여 곳을 돌아보며 운영자 혹은 커뮤니티 매니저 들과 진행한 인터뷰를 바탕으로 코워킹 스페이스의 주요 특징을 정리해봤다.

// 로컬 중심 코워킹 스페이스

코워킹 스페이스는 국가와 지역별로 서로 다른 특징을 보인다. 동남아시아의 경우 수도권과 지방 간에도 차이를 보인다. 디지털 노마드 사이에서 코워킹 스페이스의 메카라 불리는 인도네시아의 발리를 비롯해 태국의 치앙마이, 캄보디아의 씨엠립을 찾는 코워커들은 대부분 외국인이다. 발리의 코워킹 스페이스 후붓 Hubud은 이용객의 90% 이상이 외국인으로, 짧게는 한 달, 길게는 여섯 달 이상 체류하며 여유 있는 삶과 업무를 즐긴다. 반면 개별 국가에서 수도권에 해당하는 방콕, 하노이, 프놈펜 일대의 코워킹 스페이스는 스타트업 인큐베이팅을 담당하거나 부동산 회사의 임대 오피스로 활용된다. 상대적으로 일반 건물에 비해 사무실 임대에 제약이 없고, 기본적인 업무 환경을 갖췄기에 외국계 건축, 부동산 개발 회사들이 해당 도시에서 사업을 시작할 때 선호하는 편이다.

젊은 인재가 모이는 곳인 만큼 지역의 다양한 문제에 관심을 두고 해결책을 찾아가는 코워킹 스페이스도 등장하고 있다. 일본 요코하마의 마스마스는 소셜 비즈니스 스타트업 프로그램 등을 제공해 지역 창업을 활성화하고, 지역 식자재를 활용하는 로컬 음식점이 자신들의 공간에서 도시락을 판매할 수 있도록 한다. 이들이 운영하는 로컬 저널리즘 스쿨은 지역의 관광, 인적, 공간 자원 등을 발굴하고 이를 미디어로 제작하는 과정을 교육한다. 또한 지역 활성화 프로젝트와 관련된 크라우드 펀딩 플랫폼을 운영하기도 한다.

현 정부의 주요 공약 중 하나인 '도시재생 뉴딜사업'에서 청년 일자리 공간은 주요 이슈 중 하나다. 이때 정부와 지자체는 코워킹 스페이스를 통해 창업 지원과 일자리 공간 조성을 모색하는 경우가 많다. 이처럼 코워킹 스페이스를 조성해 대도시의 젊은 인재를 데려오려는 움직임은 일본의 지방 도시에서도 찾아볼 수 있다. 나가노현 후지미쵸에 있는 후지미 숲의 오피스는 도쿄 소재 대학의 교외 세미나 공간을 지방 정부가 임대해 자연 속 쾌적한 업무 환경을 갖춘 코워킹 스페이스로 리모델링한 것이다. 이곳에서는 IT 관련 종사자가 이주해 올 경우 교통비, 숙박비, 사무실 이용료 등을 지원한다.

자연 환경이 인상적인 후지미 숲의 오피스

타깃형·아지트형 코워킹 스페이스의 등장

코워킹 스페이스가 지역과의 관계를 중시하면서, 어린 자녀를 돌봐야 하는 젊은 여성이나 특정 분야의 종사자 혹은 기업을 대상으로 하는 공간이 생기고 있다. 요코하마의 DeNA 베이스타즈 야구단은 지역에서 스포츠 분야 스타트업을 육성하고자 스포츠 중심의 코워킹 스페이스 더 베이즈 The Bayes를 운영 중이다. 공간은 지하 1층의 체육관, 야구단 굿즈를 판매하는 1층의 쇼룸과 바, 그리고 2층의 코워킹 스페이스로 구성된 독특한 형태를 취하고 있다.

대학가 주변에는 친구끼리 공부나 작업할 공간이 필요해 자발적으로 만든 아지트 형태의 코워킹 스페이스가 주를 이룬다. 타이완대학 근처의 워키스 Workis는 학생들이 만든 공간으로, 지금은 대학생을 중심으로 창업한 소셜 벤처 기업들이 이용하고 있다. 타이페이의 한 대학에 자리한 퓨치워드 Future Wards는 건축, 기계, 예술 관련 학과의 기계 및 장비를 창고로 옮겨와 관리해주는 코워킹·메이킹 스페이스다. 대학에 관련 학과가 있어 3D 프린터, 레이저 커팅기, 진공성형기를 비롯해 미싱, 용접, 목공 관련 장비 등을 보유하고 있더라도 장비 관리가 쉽지 않아 잘 활용되지 않는 경우가 많다. 이를 대학의 한 공간에서 관리해주며 코워킹 스페이스로 활용하는 셈이다.

기본적으로 코워킹 스페이스는 업무 공간으로 사용되지만, 다양한 창의 인재들이 모여 취미 활동을 즐기기도 한다. 요코마하의 부카쓰도 BUKATSUDO■의 경우 요코하마 항구 독 Dock 안에 있던 오락실, 술집 등을 리모델링해 이용자들이 퇴근 후에 여가 생활을 보낼 수 있도록 공간을 구성했다. 부엌이나 DJ룸, 요가 플로어는 물론 오래된 LP 음반을 모으는 사람들의 공간, 아기자기한 액세서리를 만드는 사람들의 공간 등을 갖추고 있어, 느슨한 취미 활동 공간 겸 코워킹 스페이스로 활용되고 있다. ■**부카쓰도** 한국어로 부카쓰도는 부활동, 동아리 활동으로 번역할 수 있다. 이 공간의 콘셉트는 부카쓰도를 영문으로 표기하는 데 그 의미가 있다. 특히 'DO'에 그 방점이 찍혀 있는데, 일본어로 '도'라고 발음하는 한자인 움직일 동(動), 길 도(道), 집 당(堂)의 의미를 모두 담고 있다. 그리고 영어 동사 'do'의 의미도 포함하고 있다.

코워킹 스페이스는 리모트 워크 같은 새로운 업무 스타일과 라이프스타일의 등장 그리고 청년 창업 지원 정책과 도시재생 사업에 대응해 다양한 형태로 나타난다. 이러한 다양성은 각 공간의 경쟁력 강화와 로컬에 새로운 활력소를 불어넣는 '로컬 크리에이터'의 창의력과 실천력을 바탕으로 더욱 증대될 것이다. 앞으로 코워킹뿐만 아니라 코리빙, 코러닝, 코쉐어링, 코기빙 등 청년들의 로컬 라이프를 지원하는 코액팅 스페이스가 늘어날 것으로 기대된다.

이용원

SLA엔지니어링건축사사무소에서 근무하며 비상근으로 용산전자상가 도시재생 지원센터의 코디네이터로 활동한다. 또한 부산 도시재생지원센터에서 진행하는 부산역 지식 플랫폼 조성 계획, SH하우징랩의 공간 조성에 관한 연구, 서울시 청년 활동 공간 조성에 관한 연구 책임을 맡았다.
개인적으로는 지역 커뮤니티 거점과 청년 교류 활동 거점 공간인 코워킹 스페이스에 관한 연구를 진행 중이다. 약 100여 곳의 아시아 코워킹 스페이스를 돌아다니며 디지털 노마드의 생활을 경험하고, 이를 바탕으로 연구를 진행해 일본 수도대학 동경대학원에서 관광과학 박사를 취득했다.

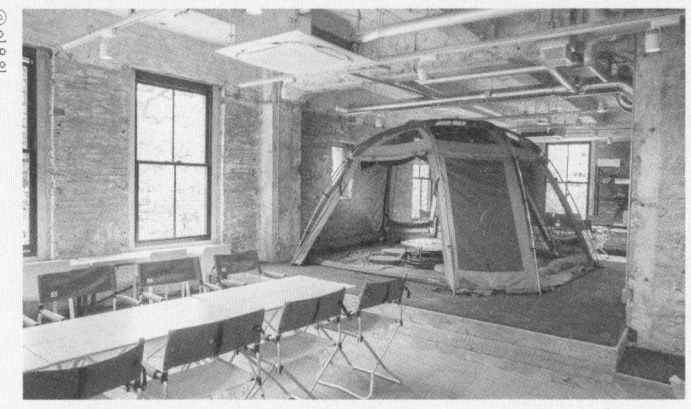
스포츠 분야를 타깃으로 한 코워킹 스페이스, 더 베이즈

글로벌 코워킹 스페이스 트렌드

지역의 가능성을 다시 보다

수도권과 지역의 균형 있는 발전을 도모하려면 지역의 청년 일자리가 늘어나고 산업이 발전해야 한다. 이를 위해서는 로컬 코워킹 스페이스의 역할이 중요한데, 아직 수요가 많지 않을뿐더러 투자가 적고 경쟁이 없어 시장이 본격적으로 태동하지 못한 상태다. 이처럼 작은 시장 규모에도 불구하고 지역의 최전선에서 활동하는 공간으로 부산의 패스파인더와 0.9M 그리고 강원도 춘천의 제일약방이 있다.

Part 3. 코워킹

스스로 좋아서 만드는 공간
패스파인더 대표, 이사
김광회, 최도민

/ 공간을 여는 과정이 독특했다고 들었다.

2013년부터 페이보리 Favorie라는 앱 개발 스타트업을 운영하다가 2016년 1월에 패스파인더를 열었다. 창업진흥원에서 글로벌 청년 창업 활성화 사업으로 지원받아 실리콘밸리에서 일한 적이 있었다. 당시 미국의 플러그 앤 플레이 같은 코워킹 스페이스에 근무했는데, 소통이 자유롭고 분위기가 좋았다. 비슷한 일을 하는 팀이 주변에 있고 의견 교환도 활발해 힘이 됐다. 한국에 돌아와서 2015년 앱을 출시하고 부산에서 본격적으로 활동하며 로아팩토리, 렌고, 부산사람도서관 등 스타트업 세 팀과 사무실을 공유했다. 이후 스타트업끼리 교류가 적은 부산에서 교류를 촉진하는 한편 후배들에게 창업의 기회를 주고자 정식으로 공간을 열었다.

/ 코워킹 스페이스 운영 수입은 괜찮은 편인가.

1호점을 오픈하고 열 달간 적자였지만 걱정하지 않았다. 당장 코워킹 스페이스로 수익을 낼 생각이 없었기 때문이다. 특히 개발자끼리 모여 자연스럽게 공간을 함께 쓰는 콘셉트라 수익에 크게 스트레스를 받지 않는다. 1호점은 라운지 형태로 운영했는데, 2018년 2월에는 2호점을 열어 공간이 나뉜 프라이빗 오피스를 실험했다. 그리고 10월에는 20개실을 갖춘 3호점까지 열었으니 그것만으로도 어느 정도 성공한 셈이다. 3호점은 전체 150평 규모인데, 공용 오피스와 프라이빗 오피스의 비중이 반반이다.

코워킹 연합체인 '코워킹 얼라이언스'의 구성원이다.

서울의 피치트리가 중심이 돼 연합체를 구성했는데, 우리에게 먼저 연락이 왔다. 향후 조합으로 발전해나갈 예정이지만, 한국은 아직 리모트 워크 시장이 크지 않고, 수익성도 각양각색인지라 갈 길이 멀다. 특히 서울에서 부산, 부산에서 서울로 이동하는 멤버의 비중이 다르기 때문에 공동 사용에 관해서는 세부적인 규정을 정할 필요가 있다. 큰 방향은 유지하면서 공동 마케팅 등 접점을 늘려갈 계획이다.

다른 곳과 차별화되는 서비스는 무엇인가.

입주자 서비스는 다른 공간과 비슷하다. 조금 다른 점이 있다면 프린팅, 3D프린터 사용 비용이 무료라는 점이다. 마침 입주사 중 메이커 업체가 있어 메이커 스페이스를 공동으로 운영하게 됐다. 공간에는 시제품 제작용 3D프린터와 레이저 커팅기, 간단한 공구가 마련돼 있다.

그리고 우리도 스타트업이기에 스스로 불편하다고 여기는 점을 입주사가 느끼지 않도록 노력했다. 보증금을 적게 받을 뿐만 아니라 회의실, 커피 등을 이용하는 데 있어 추가 비용도 받지 않는다. 입주사 자격으로 다른 팀과 동일하게 공간을 사용하며 특별히 이끌어가지도, 간섭하지도 않는다. 매달 한 번 반상회를 진행하고 연말 파티를 여는 정도다.

인위적인 커뮤니티를 지양하는 것 같다. 패스파인더에게 커뮤

니티 매지니먼트란 어떤 의미인가.

물론 커뮤니티는 중요하다. 그러나 인위적인 방법은 큰 의미가 없다. 우리는 구성원이 친해지는 것이 먼저라고 생각하는데, 이를 억지로 유도할 수는 없다. 따라서 관리 요소가 많이 필요하진 않다. 많은 사람이 실리콘밸리에서 스타트업 간에 코워킹이 잘 일어난다고 생각하지만 실제로는 약간의 협업이 이뤄지는 정도다. 법무나 투자 이슈, 계약서 등 업무상 필요한 내용을 자연스럽게 소통하는 분위기다.

지역 내 청년들에게 실질적인 도움을 주기도 하나.

앞서 말했듯 부산은 수도권에 비해 스타트업 생태계도 작고, 지역 청년들이 충분한 기회를 누리지 못하기도 한다. 그래서 후배들에게 네트워킹 기회를 제공하고자 '실리콘밸리 원정대'를 만들었다. 지난해까지 3회째 이어오고 있는데, 원정대 구성원 중 한 명이 현지에서 인턴이 되기도 했다. 이처럼 함께한 청년들이 새로운 기회를 통해 성장하거나 이용자가 일종의 '졸업 기업'으로 성장해서 나갈 때 가장 보람 있다.

자연스러운 네트워킹을 지향하는 패스파인더 3호점의 라운지 전경

적당한 관계의 거리
0.9M 이사, 커뮤니티 매니저
손정형, 임현석

/ **부산에서 코워킹 스페이스를 운영하게 된 배경이 궁금하다.**

모기업이 티끌모아태산이라는 부동산 관련 스타트업이다. 건설 사업 관리와 원룸과 빌라 등의 공사 관리를 함께 하는 기업인데, 부동산 시장이 침체기를 겪기 시작한 이후로 다양한 가능성을 모색할 수밖에 없는 상황에 놓였다. 그 과정에서 서울의 여러 네트워크 파티에 참여했고, 부산에서도 그런 공간을 열어보고 싶은 마음이 들었다.

0.9M는 적당하고 느슨한 관계의 거리를 의미한다. 가깝지도 멀지도 않은 정도인데, 이런 거리를 유지해야 관계가 오래갈 수 있다고 본다. 부산 지역의 스타트업은 끼리끼리 뭉치는 경향이 있기에 우리는 이런 흐름을 바꾸고 지역 스타트업 네트워크를 강화하고 싶었다. 그래서 '커뮤니티를 담는 커뮤니티'를 의도적인 협업을 통해 지향한다. 공간 자체보다 우리와 함께하는 커뮤니티가 유명해지는 것이 중요하다고 생각한다.

/ **수도권 외 지역에서는 아직까지 코워킹의 시장성을 부정적으로 바라보는 시선이 많다.**

우리도 민감하게 시장을 살피고 있는데, 가능성은 충분하다고 생각한다. 현재 이 공간은 190평 규모에 임대료 790만 원을 지급하고 있으니 평당 임대료는 7만~8만 원 선이다. 1~4인실 29개를 갖추고 있으며 26개

업체, 58명이 입주해 있다. 평균적으로 인당 30만 원 내외를 받는데, 계산해보면 시장성이 충분한 편이다. 현재 입주 대기 인원까지 있어 내년 4월에는 2호점을 오픈할 예정이다.

부산만의 고유한 지역색, 나아가 0.9M가 있는 서면의 특색은 무엇인가.

부산에서도 커뮤니티 조성과 운영에 대한 다양한 시도가 있지만, 막 걸음마를 뗀 정도다. 부산 지역은 일종의 폐쇄성이 있어 공간 운영주 대다수는 공간을 자신만을 위한 것으로 간주하며 자기 색만 내려고 한다. 우리는 그런 공간과 차별화되고 싶다.

서면은 원도심인 부산역과 남포동 일대와는 달리 다양한 개성을 지닌 수많은 사람이 찾는 곳이다. 게다가 10대부터 60대까지 전 세대에 걸쳐 방문객이 찾는 곳이기도 하다. 즉, 서면에서 성공하면 부산에서의 시장성을 입증받는 셈이다.

여타 기업형·체인형 공간과 차별화되는 점이 있다면.

우리가 가장 중요하게 생각하는 것은 지역성으로, 입주자 커뮤니티뿐만 아니라 지역 커뮤니티를 동시에 추구한다. 시간당 1만 원 정도로 저렴하게 대관 서비스를 제공하는데, 지역 커뮤니티 구성원 누구나 방문해서 공간을 활용할 수 있다. 이와 같은 대관 서비스에 힘입어 독서 모임, 우쿨렐레 연주회, 스윙 댄스 모임 등이 열렸고, 입주자 커뮤니티인 '쩜구쌀롱'도 성황리에 운영 중이다. 또한, 인근 전포 카페거리에는 도자기 공방, 베이킹 공방, 카페가 많다. 이들과 협력해 공동 홍보를 전개하고, 작은 클래스를 열기도 한다. '오픈 토크'도 빼놓을 수 없다. 주로 본인만의 콘텐츠나 주력 분야를 가진 사람에게 발표 기회를 주는 행사이며, 최근에는 책과 글쓰기를 주제로 독립 잡지 제작자들을 모았다.

0.9M는 적절한 심리적 거리 유지를 통한 네트워킹을 지향한다

/ **업무 공간에서 각종 프로그램이 진행되면 공간 사용자가 불편함을 느낄 수 있다.**

우리가 가장 많이 고민하는 부분이다. 커뮤니티에 중점을 두지 않는 입주자도 있기 때문이다. 그래서 2호점을 인근 5분 거리에 오픈할 예정이다. 두 공간 모두 다양한 커뮤니티 활동이 진행되지만, 이벤트 공간과 시간이 서로 엇갈리도록 기획해 업무와 커뮤니티 프로그램을 유동적으로 분리해낼 생각이다.

커뮤니티 빌딩은 우리의 원천이자 핵심이다. 커뮤니티 자체가 돈을 버는 플랫폼이 되기를 원한다. 그러므로 다른 커뮤니티가 우리 공간을 점유하는 편이 오히려 좋다. 즉, 임대료를 비롯한 제반 비용과 운영에 관련된 복잡한 문제는 우리가 해결하고, 커뮤니티는 공간 안에서 자유롭게 구성됐으면 한다.

어두운 지역에 빛을 비추다

스톤키즈 이사
홍순혁

/ **제일약방을 어떻게 만들게 됐나.**

2016년 스톤키즈라는 영상 프로덕션으로 시작했다. 세 명의 공동 창업자는 각자 춘천 소재 대학의 음악동아리에서 활동했는데, 당시 춘천에서는 음악인들의 입지가 흔들리고 있었고, 그들에 대한 기록이 제대로 이뤄지지 않았다. 이 점이 아쉬워 음악인들의 모습을 영상으로 아카이빙하기 위해 의기투합한 이후 소상공인의 점포나 공간도 담기 시작했다. 그 과정에서 작업실이 필요해 영상 스튜디오 공간을 만들었고, 2017년 8월 스튜디오와 코워킹 공간을 동시에 확보하고자 이곳으로 옮겨와서 본격적으로 제일약방을 시작했다.

/ **이름이 독특하다. 공간에 대해 설명해달라.**

이름 그대로 이 공간은 1970년대부터 1980년대 후반까지 약방으로 운영됐다. 입주를 결정한 후 비어 있던 건물을 공사하면서 가벽을 철거하고 4~5개로 분리된 공간을 단일 스튜디오 형태로 바꿨다. 2층은 사무실로 현재 여섯 명이 사용하고, 1층은 코워킹 스페이스로 운영한다. 지하는 콘퍼런스 및 회의 공간으로 사용한다.

/ **제일약방이 있는 곳은 춘천역이 가까워 입지가 좋은데도 한산하다.**

이곳은 아픈 역사가 담긴 지역이다. 이 일대에 있던 미군 부대가 이전한 지 5~6년이 지났음에도 별다른 대책이 없어 낙후된 상태다. 공원화 계획이 있지만 적어도 5년은 걸릴 것으로 예측되며, 일부 구역은 주거 공간으로 바뀌고 있다.

처음에는 춘천에서 임대료가 낮은 곳을 찾아다녔다. 그런데 지금 머무르는 동네에 와보니 역사성도 있고, 지역의 특징도 매력적으로 보였다. 한마디로 이곳에는 스토리텔링이 가능한 콘텐츠가 있다. 5~6년 후 공원이 들어서면 이 지역이 광범위하게 바뀔 것이고, 아마도 이전에 대한 기록은 하나도 남지 않을 가능성이 크다. 과거 집창촌이었다 보니 마땅한 사진 자료도 없다. 그래서 직접 기록하고 재조명해보자는 결심을 하고 들어온 측면도 있다.

또한 춘천은 다양한 사람들이 모일 수 있는 기회가 부족한 도시다. 자연스러운 소통이나 커뮤니티 형성이 잘 이뤄지지 않는다. 그러나 젊은 세대는 연결을 갈망하는 편이다. 우리는 젊은 세대를 비롯한 지역민들이 활발하게 활동할 수 있는 기회를 제공하고자 한다. 아직 춘천에서는 코워킹이나 커뮤니티라는 개념 자체가 생소하기 때문에 이런 공간을 운영한다는 것 자체에 큰 의미가 있다고 생각한다.

/ **여타 코워킹 플레이스와의 차별점은 무엇인가.**

지역 특성을 고려해 프라이빗 오피스보다는 라운지 콘셉트로 운영한다. 주로 창업 전 기획 단계에 있는 사람들을 대상으로 하다 보니 밋업이나 지원 행사를 수시로 연다.

소규모 클래스의 경우 영상 프로덕션 사업체를 운영하니 관련 스터디 모임을 하거나, 이 공간의 성격에 걸맞은 프로그램을 진행한다. 당장은 많은 사람이 오지 않더라도 수익이 아닌 기획 자체에 의의를 두려 한다.

향후 계획하는 사업 모델이나 지향점이 있다면.
우리는 콘텐츠를 중시한다. 음악, 영상 작업도 계속하고 싶고, 소외된 문화나 사회 속 사소한 부분을 끄집어내서 아카이빙하는 것에도 관심이 많다. 우리는 기창업자와 함께하기보다 새로운 누군가를 인큐베이팅하기를 원한다. 창업을 준비하는 경우 대부분 정보 부족에 시달린다. 우리는 이러한 이들에게 충실한 창업 정보를 제공하기 위해 노력한다. 관심 분야를 명확히 정한 예비 창업자를 관련 지원 기관에 연결해주기도 하고, 원하는 협업 방식에 따라 적합한 사람이나 단체와의 연결을 주선해준다. 이처럼 창업 관련 공간 사업과 서비스를 다방면으로 발전시켜나가고 싶다.

제일약방은 동명의 약방이 영업하던 공간을 리모델링해 코워킹 스페이스로 활용하고 있다

커뮤니티를 재정의하다

일반적으로 커뮤니티는 공간이 만들어진 후 구성된다. 커뮤니티를 먼저 설정하고 이에 맞는 공간을 찾는 경우는 드문 편이며, 이 경우 접근 방식과 커뮤니티를 구성하는 방법이 색다르다. 윌로비와 하이브아레나는 커뮤니티를 기반으로 이에 적합한 공간을 만들어가는 방식을 택해온 대표적인 사례다.

윌로비,
6명의 캐릭터를 담은 6가지 공간

프리랜서네트워크 대표
정재석

/ 국내 사업을 시작하기에 앞서 뉴욕에서 공간을 운영했다고 들었다.

2010년부터 6년 정도 뉴욕에 살았는데, 당시 '코워킹 스페이스'라는 단어를 처음 사용하기 시작했던 곳이 바로 뉴욕이었다. 뉴욕은 부동산 가격이 비싸고 공간이 턱없이 부족해, 자연스럽게 다양한 형태의 코워킹 스페이스가 생겨날 수 있었다. 특히 작은 규모의 팀이 사용하기 좋은 공간이 많았다. 브루클린 지역에서는 공장이나 창고를 재활용하는 사례도 많았다. 2011년에는 위워크 1호점이 생겨 규모를 키워갔고, 같은 시기 한국에는 비즈니스 센터라는 개념으로 운영되는 르호봇이 있었다. 그 모습을 지켜보다가 뉴욕에서 30~40평 규모로 좀 더 개인적이고 전문적인 성향을 지닌 사람들의 아지트가 될 수 있는 멤버십 공간을 직접 만들었다. 그 공간을 운영하던 중 2016년 초 개인 사정으로 갑작스럽게 한국에 돌아왔다.

당시 한국에 마땅한 기반이 없어 다양한 사람을 만나고 싶었고, 24시간 다양한 계층의 사람이 거리를 오가는 이태원에 관심을 갖게 됐다. 특히 프리랜서로 일하는 개발자나 디자이너 혹은 예술가가 많다는 특성에도 주목해 이곳에서 새로운 공간을 운영하기 시작했다. 여섯 달간 플래툰에서 만든 복합 문화 공간의 총괄 매니저로 일하며 네트워크를 만들고, 2017년 6월 본격적으로 한남동 공간을 오픈했다.

/ **그것이 바로 한남동 제이 윌로비의 시작이었다. 공간에 캐릭터를 부여한 점이 흥미롭다.**

층별 25평 규모이며 지하를 포함해 세 개 층이 있는 제이 윌로비는 24시간 운영하는 멤버십 공간이었다. 공간에 캐릭터를 부여한 것도 자연스럽게 이뤄졌다. 한남동 공간 2층에서 직접 거주했기 때문에 1층이나 지하에도 살림 도구가 있었고, 그곳에는 나의 삶이 녹아 있었다. 이후 네트워크 파티나 자체 기획하는 행사가 많다 보니 컨설팅 클라이언트가 생겼고, 사람들이 자연스럽게 내 이름을 붙여 '제이의 공간'으로 이 공간을 규정했다.

/ **상수동 댄 윌로비는 어떻게 만들게 됐나.**

한남동 제이 윌로비에서 파티나 행사를 하면 600명 정도가 찾아오곤 했다. 이에 자신감이 붙어 새로운 공간을 생각하게 됐다. 먼저 우리 커뮤니티에 있는 사람들이 어디에서 어떤 유형의 공간에 주로 사는지 조사했고, 분석 결과 홍대나 상수 일대가 적합하겠다는 생각이 들어 2018년 4월에 상수동으로 왔다. 그리고 개인 아지트를 공개해 성공한 제이 윌로비의 브랜딩 방식에 따라 상수동에서도 개인 캐릭터를 만들고 그에 적합한 공간을 만들기로 했다. 마침 뉴욕에 있을 때 영화를 공부하며 적어둔 시나리오 중에서 댄 Dan이라는 인물이 흥미로워 이에 어울리는 공간을 찾기로 결심했다. 인테리어나 서비스에 대해 다른 코워킹 스페이스와 비교하거나 벤치마킹할 필요는 없었다. 댄의 성격만 분석하면 자연스럽게 공간 구성을 도출해낼 수 있었기 때문이다. 그 결과 댄 윌로비에서는 초콜릿과 위스키, 커피를 제공하고 재즈 음악만 흘러나오도록 했는데, 마치 영화 세트장을 만든 느낌이었다.

윌로비는 이용자 커뮤니티의 특성에 맞춰 공간에 캐릭터를 부여한다

/ **조만간 새로운 공간을 오픈한다고 들었다.**

내년 한남동에 소피 윌로비를 오픈할 예정이다. 윌로비 운영의 특징 중 하나는 멤버십 신규 가입 신청 시 공간을 소개하며 간단히 인터뷰한다는 것이다. 공간에 적합한 사람인지 판단하기 위한 일종의 필터링 과정이다. 제이 윌로비의 입주자는 의상 디자이너, 일러스트레이터, 제품 디자이너가 많고 여성 비율이 월등히 높은 반면, 댄 윌로비에는 작가, 디자이너, 개발자, 출판, 영화 분야 종사자가 많다. 소피 윌로비에는 스타트업 종사자보다는 디자인, 음악, 미술 분야에서 활동하는 사람들이 많이 왔으면 한다. 3D프린터나 재봉틀 등 메이커를 위한 간단한 도구를 사용할 수 있는 공간으로 구상 중이기 때문이다. 앞으로는 다른 지역에서도 오픈한 뒤 총 여섯 개 공간으로 라인업을 갖춰 운영할 예정이다.

굳이 공간을 여섯 개만 운영하려는 이유가 있나.

지리적인 요인이 큰데, 각 공간이 서울 내 권역별 여섯 개 지역을 커버한다. 사무실 기반 공간은 상수동, 종로·을지로, 강남에, 도구나 장비를 활용하는 공간은 한남동과 성수동에 열 예정이다. 끝으로 당산 지점은 살롱 기반으로 운영하려 한다.

사실 제이 윌로비에서는 공간 사업만으로 수익이 나지 않았다. 공간을 여섯 개 운영해야겠다고 결심한 이유 중 하나는 그 정도 규모가 돼야 손익 분기점을 넘어설 수 있다고 생각했기 때문이다. 또한 경제적인 합리성을 생각하여 운영에 드는 품을 최소화하기 위해 공간 매니저를 두지 않고 내가 하루 중 오전에 한 시간에서 한 시간 반 정도 공간에 머무른다. 재미있는 것은 댄은 실재하지 않지만, 사람들은 댄이 이곳에 존재한다고 생각한다는 점이다. 가령 친구 집에 놀러 갔을 때를 생각해보자. 친구가 없더라도 정리를 잘 하게 되지 않나. 매니저나 주인이 눈에 보이지 않는 것이 핵심이다. 우리는 이용자와 커뮤니케이션을 문자로 하는데, 멤버십을 등록할 때 이용자 교육만 잘하면 공간은 알아서 원활히 운영된다. 즉, 이용자의 자기 아지트화가 핵심이다. 그러면 이용자는 공간과 더 친밀해지고, 스스로 공간을 관리한다.

공간 대관도 진행하나.

대관 비용은 하루 20만~50만 원 선으로 비싸지 않다. 대신 명확한 기준을 정해두고, 소규모 수업을 주로 진행한다. 일례로 《플레이보이》, 《GQ》의 유지성, 김봉형 전 에디터가 글쓰기 수업을 석 달간 진행했고,

스무 명이 참여했다. 오전에는 사람이 많지 않아 조찬 클럽도 연다. 일주일에 2회 정도 진행하고, 보통 10여 명이 참여한다. 나눠 먹을 수 있는 음식만 들고 오면 누구든 참석할 수 있다. 앞으로는 주제를 하나씩 던진 뒤 이야기를 주고받는 '아무나 대잔치'도 진행해볼 예정이다.

/ **공간을 운영하는 한편 프리랜서네트워크의 대표를 맡고 있다.**
기본적으로 프리랜서나 혼자 일하는 사람에게 관심이 많다. 미국에 있을 때, 프리랜서 유니언 앱을 개발한 적이 있을 정도다. 반면 막 귀국했을 당시 한국에는 프리랜서를 위한 연구나 준비, 공간이 전무했다. 그래서 2017년 8월에 '한국에서 프리랜서로 살아남기'라는 제목으로 포럼을 열었다. 박원순 서울시장을 포함해 많은 사람이 왔는데, 아마도 한국에서 프리랜서라는 일의 형태에 대해 이야기하는 최초의 자리였기 때문이 아니었을까. 2017년 뉴욕시는 '프리랜서 조례'를 만들었고, 서울시에서도 조례를 준비하며 본격적인 연구와 활동을 시작했으니 여러모로 시기도 좋았다. 현재 프리랜서네트워크는 네 명의 인원이 체계적인 운영을 위해 조직을 구성하는 중이다. 2~3년 내로 스무 명 정도가 프리랜서로 일하는 사무국을 운영하려고 한다. 우선은 실태 관련 통계를 조사해 발표하고, 정부와 소통하며 정책이나 관련 법 개정, 캠페인을 진행하려고 한다. 또한 기업과의 소통을 통해 기업 문화나 보험 관련 영역에서 프리랜서를 위한 상품 개발을 돕고 있다. 일종의 인프라 구축인 셈이다. 아직 국내에는 프리랜서에 대한 편견이 있는데, 궁극적으로는 그런 인식을 바꾸는 것이 목표다. 앞으로는 개인 운영을 넘어서 조직화가 필요하다. 지방에서 프로젝트를 할 생각도 있다. 미국 팜스프링스형 모델의 소규모 호텔 사업도 구상 중이다.

외국인이 모여 사는
새로운 마을 만들기

하이브아레나 대표
최종진

/ **한국형 코워킹 스페이스 1세대라고 들었다.**

1세대는 아니다(웃음). 2014년 10월, 선릉역에서 하이브아레나를 시작했을 당시 이미 건축 사무소 EAST4가 만든 코업이란 공간이 있었다. 그 이전에는 합정동에 구한 작은 사무실을 반반으로 나눠서 사용했던 경험이 있다. 당시 온라인 서비스를 개발했으나 실적이 좋지 않아 형편상 다른 이와 사무실을 공유해야만 했는데, 그 무렵 공간의 일부를 쓰던 일본에서 온 친구에게 코워킹 스페이스 모델에 대한 이야기를 들었다. 외국인 친구들과 일할 수 있다는 것이 흥미롭게 느껴져 영어로 간단한 소개를 적어 사이트에 올린 뒤 본격적으로 코워킹 스페이스 사업을 준비했다.

먼저 도쿄에 가서 여러 코워킹 스페이스를 취재하고, 오픈소스 카페도 방문했다. 오픈소스 카페는 일본의 유명한 개발자들이 사용하는 공간인데, 이곳과의 인연으로 도쿄에서 열린 콘퍼런스에도 참여할 수 있었고, 그 경험을 바탕으로 하이브아레나의 모델을 만들었다. 이후 2015년 인도네시아 후붓에서 열린 대형 코워킹 콘퍼런스를 통해 해외 네트워크를 쌓았고, 자연스럽게 외국인을 대상으로 공간을 운영하게 됐다.

처음에는 스타트업이 많은 강남에서 스튜디오 형태의 열린 공간으로 시작했다. 수익적인 측면에서는 분리된 개인 공간형의 효율이 높지만, 커뮤니티 기반 운영 측면에서는 오픈된 공간이 효과적이라 생각했다. 입주 멤버는 개발자가 많았는데, 이는 개인적으로 개발자 커뮤니티를 운영하는 사람들과 친분이 있었기 때문이다.

하이브아레나는 한국에 거주 중인 외국인을 대상으로
코워킹 서비스를 제공한다

선릉역에서 지금의 대방동으로 자리를 옮긴 이유는 무엇인가.

코워킹 스페이스는 해외에서도 개발자, 디자이너, 작가 등에게 적합한 공간이라는 인식이 있다. 인도네시아 발리 소재 코워킹 스페이스 이용자의 20%는 라이프스타일 코칭 등을 진행하는 작가군이다. 이들은 대체로 새로운 환경에서 일하고 싶어 한다. 그런데 최근 2년 사이 강남에 위워크나 패스트파이브 등의 대규모 코워킹 스페이스가 너무 많이 등장해 과포화 상태가 됐다. 스타트업을 위한 공간이 많아지면서 경쟁이 생기다 보니 무료 프로모션도 많아졌다. 당시 멤버십 가입자가 서른 명 정도였는데, 개발자들이 빠져나가면서 그 공간을 자연스럽게 외국인들이 채우게 됐다. 많은 외국인이 위워크와 같은 미국식 공유오피스를 비싸지만 값어치가 낮은 공간으로 여겼고, 이들이 충성도 높은 고객이 돼줬다. 이런 고객들은 현지 한국 사람들과 어울리고 싶어 한다. 자연스레 이들과 오래 지내다 보니 주거를 겸할 수 있는 적절한 입지를 고민하게 됐고, 개인적으로도 아이가 생겨 집을 옮기는 등 상황 변화가 있어 2017년 10월에 대방동으로 공간을 옮기게 됐다.

선릉 일대와 비교했을 때 대방동의 장점은 무엇인가.

개인적으로 복잡한 도심보다는 동네를 선호한다. 강남에서 대방동으로 왔을 때 마음이 편해졌는데, 이용자들도 비슷한 의견을 밝히더라. 수익성 측면에서도 비용을 줄일 수 있어 월등히 좋다. 또한 코리빙과 코워킹을 겸하면서 수입이 늘어나고 월세가 줄었다는 점 역시 수익 개선에 큰 영향을 미쳤다. 현재 입주 인원은 다섯 명이고, 멤버십으로는 예닐곱 명이 가입해 있다. 총 열두 명 정도가 공간을 이용하는데, 모두 외국인이다.

대방동에서는 1년 정도 실험 차원으로 공간을 운영했는데 마케팅을 일절 진행하지 않았다. 현재 이용자는 지인과 그들의 친구이고, 내년까지 예약이 차 있다. 이를 통해 향후 사업을 확장한다고 해도 15~20개 정도의 방을 운영하는 규모가 효율적이라는 결론을 내렸다.

> **앞으로의 계획과 코워킹 스페이스의 트렌드에 대한 생각이 궁금하다.**

지역에서 마을 만들기를 하고 싶다. 일종의 '한국판 실리콘밸리'를 만들고 싶달까? 코워킹 스페이스 트렌드에 있어서는 위워크가 하나의 모델이 됐다고 생각한다. 이후에 업계에 뛰어든 패스트파이브나 스파크플러스 등도 비슷하다. 넓은 라운지, 프라이빗 공간, 음료 무료 제공 서비스 등을 보면 알 수 있다. 그러나 이처럼 수요에 대한 예측 없이 공간만 만드는 것에 대해서는 회의적이다. 대부분의 대형 코워킹 스페이스가 정부 지원금이나 투자자의 압박으로 지점을 늘리고 있지만, 심지어 위워크조차 공간을 채우기 힘들어 한다. 수도권 외 지역에서는 몇몇 지자체나 투자 자본이 코워킹 스페이스를 만들고 있지만, 개인적으로는 그에 대해서도 회의적으로 바라보는 편이다. 코워킹 스페이스란 근본적으로 일자리가 많고 공간이 부족한 환경에서 생기는 비즈니스 모델이기 때문이다. 즉, 일자리가 없는 곳이라면 큰 의미가 없다. 그러므로 지역과 일자리 그리고 도시재생이 '로컬', '코워킹', '스페이스'에 초점을 두고 발맞춰 함께 나아가야 한다. 지역을 바꾸는 젊은 밀레니얼에게 일자리를 주고, 활동할 수 있는 공간을 만들어줘야 한다.

지역과 창작자를 연결하는 공간

코워킹 플레이스는 기본적으로 일하는 공간이지만, 다양한 사람들이 서로 영감을 주고받으며 여러 콘텐츠를 만들어내는 커뮤니티로서의 가능성도 품고 있다. 대학생들이 실습과 과제를 수행하기 위해 자발적으로 구했던 학교 앞 공동 작업실을 재해석한 로컬랩서울, 지역 내 공간을 통해 로컬 창작자를 위한 선순환 구조를 만드는 연남장 등은 창작 중심 코워킹 플레이스의 가능성을 가장 잘 보여준다.

학교 앞 실험실을 실험하다

로컬랩서울 대표
김동환

원래는 작은 작업실로 시작했다. 어떻게 코워킹 스페이스 사업에 뛰어들었나.

2017년 작업실로 시작해 2018년 3월에 지금의 공간으로 옮겨왔다. 개인적으로는 IT, 로보틱스, 자율 주행 분야를 공부했고, 해당 분야의 프리랜서 연구자가 되고 싶었다. 그래서 혼자 일하며 살아남는 방법을 고민하다가 작업실을 만들어 뜻을 함께하는 사람들과 연구 라이프 커뮤니티를 구축해보고자 했다. 같은 분야에 있는 사람도 좋지만, 우선 예술 분야에서 활동하는 사람을 수소문했다. 그 결과 클래식 기타 동아리에서 만난 친구와 의기투합해 드로잉 클래스를 만든 것이 로컬랩서울의 시작이다.

공간의 특징과 운영 방식이 궁금하다.

원래는 고시원이었던 공간이고, 작게 쪼개져 있던 방을 뜯어낸 뒤 16석 규모의 라운지로 리모델링했다. 전체 규모는 30평으로, 세미나실이 두 개 있다. 공간에서는 주로 간단한 스터디나 클래스가 진행된다. 안쪽에는 두세 명이 쓸 수 있는 팀 전용 공간이 있다. 현재 일주일에 평균

15~20명의 이용객이 방문하고 있는데, 사실 매출은 적은 편이다. 이처럼 부족한 매출을 메우고자 코딩과 인공지능, 자율 주행 등 최신 기술 강의부터 드로잉 수업까지 다양한 수업을 꾸준히 진행한다. 현재는 딥러닝을 주제로 함께 스터디를 하고 있다.

한편 서울과학기술대학교 교내 메이커 스페이스 기업인 비스포크와 함께 제작 기술을 공유하기도 한다. 비스포크는 차체 프레임을 만들고, 우리는 제어 분야를 맡아서 함께 프로젝트를 진행하는 방식이다. 최근에는 규모를 확장해 서울 북동부 스터디 커뮤니티를 기획했고, 태릉에 있는 창업디딤터의 공간을 빌려서 프로그램 코딩과 딥러닝에 대해 강의했다. 개인적으로는 직접 연구 프로젝트를 받아 학생 연구원들과 함께 진행해보고 싶다.

로컬랩서울은 지식과 기술에 기반한 코워킹 스페이스다

/ **바로 앞에 서울과학기술대학교가 있다. 이런 입지가 위치 선정에 영향을 미쳤나.**

서울과학기술대학교 외에도 서울여자대학교가 인근에 있어 주변에 학생이 많은 편이고, 최근에는 경춘선 숲길이 생겼다. 그런데도 번화가와 떨어져 있는 덕분에 임대료가 저렴한 편이었다. 또한 구상하던 공간의 특성과 동네의 성격이 잘 맞을 것 같았다. 지금은 이곳을 인근 대학에 다니는 학생들이 졸업 후에도 살고 싶은 동네로 만들고 싶을 정도로 애착이 커졌다. 최근에는 지역의 소규모 커뮤니티인 공릉청소년문화정보센터와 공릉꿈마을협동조합의 회의에 참석해 조언을 들었다. 작게는 인근 가게를 위한 홍보물을 제작하는 것부터 크게는 마을 예술 활동을 주도하는 것까지, 마을에 필요한 다양한 일들을 펼쳐나가고 싶다.

/ '학교 앞 실험실'을 표방하고 있다. 이에 대해 좀 더 자세히 설명해달라.

단순한 공간 사업이 아니라 일종의 '대안 교육', 특히 기술에 특화된 오프라인 교육 시스템을 만들고자 한다. 조시 구상 중인 모델은 대학 교육을 보완하는 기업이다. 슬로건을 '학교 앞 실험실'로 정한 것도 그 때문이다. 국내 대학의 연구실들은 기자재를 갖추고 있지만, 외부인들은 사용하기가 어렵다. 대학과 지역 사회 간 인프라와 지식 공유를 통한 연계가 필요한데, 제대로 이뤄지지 못한다는 문제점이 있다. 반면 해외 사례를 보면 대학교는 지역 산업 고도화를 이끌뿐만 아니라 거점 문화시설로 특별한 위치를 차지한다. 그런 관점에서 우리는 대학의 연구를 지역 사회에 이로운 방향으로 활용할 수 있도록 돕고 싶다. 최종 목표는 독자적인 교육 연구 기관이 되는 것이다. 지역이 서울 북동부에 고립돼 있다 보니 최신 교육 프로그램을 이수하고 싶은 이들은 마포나 신촌, 강남까지 나가야 한다. 이에 대한 대안으로 지역의 성격에 맞는 우리만의 커뮤니티를 만들고 싶다.

╱ 코워킹 스페이스로서 앞으로의 계획이 궁금하다.

지금보다 공간 규모를 키워 수익을 늘려보고 싶다. 그리고 '셰어하우스', '코리빙', '아트센터'를 아우르는 공간을 운영해 기술과 예술의 접점을 만들고자 한다. 예술가와 공학자가 함께 프로젝트를 진행하는 'EAT'이라는 미국의 단체가 우리의 롤모델이다. 또한, 학생들과 협업하고 함께 거주하는 공간을 운영해보고 싶다. 공간의 사용자가 운영자가 되는, 유연한 운영 방식을 가진 자율적인 수익 모델을 만들면 재미있을 것 같다.

현재의 수익 모델은 공간에서 진행되는 강의에 기반하는데, 일단 수강 인원이 제한돼 기대 수익이 한정적이다. 게다가 홍보를 대대적으로 할 수도 없다. 꾸준하게 강의를 운영할 수 있도록 고민하는 동시에, 차근차근 강의와 업무 공간을 연계해보려 한다.

동네 창작자를 지원하는 공간, 연남장

어반플레이 디렉터
임동길

연남장을 운영하게 된 특별한 계기가 있나.

최근 사회적인 트렌드를 보면, 사람들은 균일하게 대량 생산된 상품보다 희소성 있고 가치 있는 콘텐츠를 선호한다. 이는 산업 구조의 변화, 그에 따른 밀레니얼의 등장 등 복합적인 사회 변화에 기인한다. 우리는 지역성이 곧 현재 대중이 선호하는 가치이며, 나아가서는 이를 반영한 콘텐츠야말로 사회의 경제적, 문화적 측면을 윤택하게 만들어주는 기반이라 생각한다. 이러한 관점에서 연남장은 어반플레이가 생각하는 좋은 콘텐츠를 소개하고 판매하는 한편, 그런 콘텐츠를 만드는 로컬 크리에이터를 지원하는 공간이다.

복합 문화 공간이라 규모가 상당하다. 공간에 대해 소개해달라.

코워킹 스페이스뿐만 아니라 카페, 레스토랑, 스튜디오, 편집숍을 갖춘 복합 문화 공간으로, 이름은 연남장이지만 정확히는 연희동과 연남동의 경계에 있다. 어반플레이는 지역 특색이 반영된 개성 있는 콘텐츠를 선별해 서적, 웹진, 공간, 시각디자인 등 다양한 방식으로 이를 소개한다.

지역과 창작자를 연결하는 공간

공간은 지하 1층과 지상 3층으로 이뤄져 있고, 1층에는 카페와 레스토랑이 입점했다. 카페는 어반플레이에서 운영하던 연남빙앗긴의 브랜드를 기본으로 하되, 이곳만의 특별한 메뉴를 추가했다. 특히 로컬콘텐츠를 소개한다는 취지에 맞게 전국 각지에서 생산된 농산물과 상품을 활용하고 판매한다. 카페 맞은편 공간에는 한남동에서 인기를 얻고 있는 이탈리안 레스토랑 '윤세영식당'이 입점해 수제 버거와 샌드위치, 토스트, 오믈렛 등 양식 브런치를 판매한다. 2층은 코워킹 스페이스인 로컬스티치 연남점으로 2인실부터 12인실까지 다양한 규모의 분리형 오피스 공간과 1인 자유석, 지정석 등이 갖춰져 있어, 원하는 업무 형태에 따라 입주가 가능하다. 3층은 24시간 창작 작업 및 주거가 가능한 독립 스튜디오다. 총 12개 실로 구성돼 있으며 오피스 데스크, 서가, 매트리스, 샤워 부스 등을 갖춰 주거와 업무 기능을 동시에 할 수 있다. 지하에서는 전국 각지 로컬 콘텐츠 상품을 소개하는 편집숍을 운영할 계획이다.

40년 된 낡은 건물이라고 들었는데, 이 건물을 선택한 이유가 궁금하다.

이 공간은 원래 유리 공장으로 활용되던 곳이다. 이 일대 공간 중에서 가장 넓은 축에 속하며 1층 층고가 높아서 매력적이었다. 그뿐만 아니라 개성 있는 창작자들이 많은 동네에 있다는 입지적 유리함과 10년 장기 계약이 가능하다는 것도 장점이었다. 건물 앞으로는 경의선 선로가 지나는데, 덕분에 연남장 통유리창을 통해 선로를 따라 자라난 푸른 식물을 볼 수 있고, 인적이 드물어 조용히 사색하기에도 안성맞춤이다.

연남장 1층은 푸드 콘텐츠를 소개하는 카페 겸 레스토랑으로, 중앙부 테이블은 다양한 이벤트를 위한 무대로 변신한다

/ 공유 오피스, F&B, 로컬 상품 등 다양한 콘텐츠를 한데 모아 공간을 운영하기가 쉽지는 않았을 것이다. 공간을 준비하며 가장 신경 썼던 부분은 무엇인가.

공간을 운영하는 어반플레이, 로컬스티치 양쪽 모두 방대한 프로젝트 경험을 축적해왔기에 크게 어렵지는 않았다. 다만 겉보기에 카페, 레스토랑, 코워킹 스페이스 등 공간의 콘셉트가 단편적으로 비칠 수 있다는 점을 우려해, 로컬 콘텐츠의 가치를 소개하는 공간임이 올바르게 드러날 수 있도록 오랜 시간을 투자해 고심했다.

/ 앞으로 연남장이 사람들에게 어떤 장소로 기억되길 바라나.

연남장이란 이름에는 여러 의미가 있다. 연희동을 기반으로 지역의 물건이나 콘텐츠를 소개하고 판매하는 공간(場)이자, 창작자를 위한 공간(莊)이란 뜻이 '장'이라는 글자에 담겨 있다. 조금 더 쉬운 표현으로 풀어보자면 연남장이 영감을 일으키는 생각의 장, 매력적인 로컬 콘텐츠를 만나는 장이 되길 바란다. 궁극적으로는 방문객을 위한 기억의 서랍장 같은 역할도 할 수 있다고 본다.

지역과 창작자를 연결하는 공간

여행을 기반으로 공간을 제안하다

'여행'과 '코워킹 스페이스'. 언뜻 생소하다 여길 수 있는 조합이지만, 원격 근무인 리모트 워크를 표방하는 코워킹 스페이스의 경우 머무르는 장소와 어딘가로 떠나는 여행 모두 중요한 요소다. 춘천에 있는 살롱 드 노마드는 여행을 기반으로 리모트 워커와 커뮤니티를 묶는다. 강원도에서 여행을 소재로 한 문화 콘텐츠를 기획·제작하는 회사가 운영하는 코워킹 플레이스는 어떤 모습일까?

Part 3. 코워킹

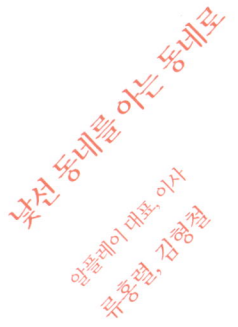

낯선 동네를 아는 동네로
알플레이 대표, 이사
구홍렬, 김형철

알플레이와 살롱 드 노마드의 관계가 궁금하다.

주식회사 알플레이는 여행 콘텐츠를 기반으로 한 커머스 기업이다. 현재는 중국·태국과 인도네시아·필리핀에서 살롱 공간과 법인을 운영하고 있다. 그런 연유로 직원 대부분이 해외에서 일한다. 2017년 말부터 본격적으로 원격 근무제로 바뀌고, 본사 인력이 내부문 리모트 워크 형태로 전환되면서 큰 사무실이 필요하지 않게 됐다. 자회사인 아뜰리에포노마드 사옥이 춘천에서도 외진 의암호 인근에 있다 보니, 시내에 사무소 격인 살롱 드 노마드를 만들어 일종의 베이스 캠프처럼 꾸몄다.

춘천역, 춘천시청 모두와 가깝지만 조용한 느낌이다.

이 지역은 과거에 인쇄 골목이었고, 현재 열 개 업체가 남아 있다. 30평 공간 임대료가 월 50만 원 정도로 저렴하지만, 도심 공동화 현상이 심해서 관공서 바로 앞에도 저녁 장사를 하는 상점이 많지 않다. 그래도 최근에는 칵테일 바나 일본식 주점, 카페같이 재미있는 문화 공간이 하나둘 생기고 있다. 아마도 5분 거리에 한림대학교가 있다는 점이 영향을 미치지 않았을까 싶다.

여행을 기반으로 공간을 제안하다

/ **기본 운영 방식이 궁금하다.**

임대료가 낮아서 음료 판매와 공간 운영을 통해 얻는 수입이 나쁘지 않다. 카페와 코워킹 플레이스 그리고 대관 수입의 비율은 전체를 100%로 잡았을 때 각각 25%, 25%, 50% 정도다. 특히 대관 요청이 꾸준하게 들어오는 편이다. 영화 모임부터 춘천시청에서 주최하는 시민 도시재생 대학, 밋업 프로그램, IT 코워킹 네트워크 스터디 모임, 다이닝 프로그램까지 다양한 목적으로 공간을 활용하고 있다. 현재 직원 네 명이 돌아가면서 공간을 운영하며 직원 사무실로도 사용해 비용을 절감하고 있다.

/ **공간 명칭이기도 한 살롱을 어떻게 정의하고 있나.**

사람마다 정의가 다르겠지만, 개인적으로 살롱이란 '검색에 의존하지 않고, 사람들의 이야기 안에서 무언가를 발견하는 것'이라고 생각한다. 여러 사람이 취향을 나누면서 서로에게 취향이 확산되고, 그 과정에서 새로운 것을 알게 된다. 즉, 살롱이란 낯선 사람들이 모여 색다른 자극과 영감을 주고받는 공간이라 생각한다. 그렇기에 우리는 지역 범위를 주변에만 한정하지 않고, 다양한 사람과의 밋업을 꾸준히 진행한다. 방문자가 건의하면 스스로 호스트가 돼서 커뮤니티 프로그램을 진행할 수도 있다.

얼핏 보면 자유로울 것 같은 리모트 워커들은 커뮤니티로부터 쉽게 고립될 수 있다는 취약점이 존재한다. 그들에게 능동적으로 자기 발전을 도모하고, 사람을 만나는 일은 필요하면서도 어려운 일이다. 이런 노마드를 위한 살롱이 곧 살롱 드 노마드다. '낯선 이들이 만드는 폐쇄적인 이너 써클'인 셈이다.

/ 여행을 중심으로 하는 운영 방식이 독특하다.

리모트 워크는 일하는 장소뿐만 아니라 일하지 않는 나머지 시간도 중요하다. 다시 말해 공간이 자리한 주변 지역의 환경과 여건이 중요한 것이다. 해외에서 리모트 워커가 많이 모이는 지역에는 레포츠, 문화 공간, 펍, 클럽 등이 있다. 발리나 치앙마이, 방콕 모두 마찬가지인데, 우리는 춘천에서 그런 리모트 워크의 라이프스타일을 경험하는 방식을 다양하게 실험하고 있다.

또한 춘천에 연고가 없는 이들의 경우, 이 공간에 찾아와 함께 어울리다 보면 동네에 익숙해질 수 있다. 해외 사례를 봐도 언어 교육, 네트워킹 프로그램 등이 잘 갖춰져 있는데, 리모트 워크의 특성상 조직이라는 울타리가 없기 때문에 유연한 소속이나 관계, 느슨한 커뮤니티를 만들어줄 필요가 있다.

/ 살롱 드 노마드의 대표 프로그램으로는 어떤 것이 있나.

여행을 공간의 정체성으로 내세우는 만큼 관련 프로그램이 많다. 대표적으로 여행 밋업이 있는데, 춘천 투어와 화천의 감성마을 투어, 시장 투어 등이 있다. 2019년에는 투어 프로그램을 더욱 확장해 당일치기 서핑 투어와 같은 지역 내 연계 프로그램이나, 호반의 도시인 춘천의 특색을 살린 수상 레저 프로그램을 기획해보고자 한다. 또한 2018년 말부터 일종의 클럽 투어인 '펍 크롤'을 진행하고 있다. 믿기 어렵겠지만 춘천에도 새벽 2~3시까지 운영하는 클럽이 네 곳이나 있는데, 펍 크롤을 통해 지역에서 활동하는 뮤지션의 음악을 듣고 춘천의 색다른 면모를 발견할 수 있다. 여행 관련 프로그램이 아니더라도 취향에 따라 사람들을 모으기도 한다. 이를테면 얼마 전 진행한 IT 개발자, 기획자 밋업을 들 수 있겠다.

각각의 공간은 어떻게 활용하나.

SPACE1은 카페이자 커피를 마시면서 매니저와 담소를 나누는 공간이다. SPACE2는 맥주를 마실 수 있는 라운지, SPACE3는 집중해서 일하는 업무 공간이다. 세 공간을 명확하게 구분해서 사용하지는 않는다. 회원으로 등록하지 않더라도 올해 최저 시급인 8,350원으로 일일권을 구매할 수도 있다. 이용자들은 주류를 제외한 음료를 무제한으로 즐길 수 있다. 특히 살롱의 커피는 모기업의 치앙라이 직영 농장의 생두를 직접 로스팅해 제공한다. 반려 동물은 게스트를 위협하지 않는다면 출입이 가능한데, 이미 유기견 두 마리와 유기묘 한 마리가 기거 중이다.

지역과는 어떻게 소통하고 있나.

'in Chuncheon'이 아닌, 'to Chuncheon' 또는 'beyond Chuncheon'이란 모토를 가지고 지역과 소통한다. 지역민만을 위한 공간이 아닌 다양한 지역 출신의 노마드가 유기적으로 섞이는 과정에서 새로운 것을 보고 느끼는 경험을 추구한다. 최근 살롱에서 로컬과 비로컬 간의 협업으로 진행하는 커머셜 프로젝트가 시작됐고, 다음 단계의 협업을 즐겁게 기다리고 있다.

앞으로의 계획은?

살롱 드 노마드 춘천은 강원도 최초의 코워킹 스페이스로 여겨진다. 최근 우리보다 훨씬 멋진 공간을 만드는 창업가들이 나오고 있어서, 내부적으로 더욱 건강한 생태계가 조성되지 않을까 하는 기대감과 함께 더 열심히 해야겠다는 조바심도 품게 됐다. '따로 또 같이'는 로컬에서 꼭 필요한 덕목이다. 더 많이 보고 들으며 배울 것이다. 올해 태국 치앙라이 소재 공간을 정식 오픈하고, 대전 보문산 자락과 서울의 서울역 인근에도 새로운 공간을 선보일 예정이다. 세 곳 모두 직영이 아닌 관계사와의 협업을 통해 운영될 것이다. 인도네시아 지점은 모기업의 해외 법인 Pt. Rplay Group Indonesia에서 직영하고, 태국 치앙라이 지점은 관계사인 '그라운드 요크 협동조합'에서 공간을, (주)알플레이에서 운영을 책임지는 형태로 오픈을 앞두고 있다. 기본적으로 같은 기업에 속해 있는 구성원들이고, 기업 문화가 비슷해 현지 채용된 구성원들과도 큰 마찰은 없다.

리모트 워커와 여행자에게 특화된 서비스를 제공하는 살롱 드 노마드

Part 4.
코리빙

에디터 이지현

도시의 성장이 가속화됨에 따라 재화를 공유하며 살던 과거의 공동 주거 형태는 점차 개인 공간을 보장하는 독립적인 주거 형태로 변모해왔다. 그런 점에서 타인과 함께 사는 '코리빙'이 새로운 주거 대안으로 주목받는 최근의 상황은 아이러니하다. 그동안 각 공간 속에 나뉜 채 단절됐던 개개인의 삶은 오늘날 하나의 공간을 공유함으로써 다시 이어지고, 거주 공간을 기반으로 한 새로운 관계 맺기의 가능성을 보여준다. 또한 공간 설계 시 지역과의 접점을 고려함으로써 코리빙은 개인과 동네를 연결하는 하나의 거점으로 거듭나고 있다.

Insight

왜 코리빙에 주목해야 하나

도시건축 전문작가
음성원

// 왜 코리빙이 뜨나?

UN이 예측한 2030년 지구의 인구는 85억 명으로, 2015년에 기록한 73억 명에 비해 16%가 늘어난 수준이다. 많은 과학자들이 지구가 수용할 수 있는 인구를 100억 명이라고 보고 있다는 점을 고려하면 10여 년 뒤의 인구 상황은 지구의 한계 용량에 근접한 수준이라고 해도 과언이 아니다.

그런데 도시 인구는 나날이 가파르게 증가하고 있다. 현대인은 대체로 도시를 선호하고, 밀레니얼(1980~2000년생)이라 불리는 20~30대의 도시 선호 성향은 더욱 강하다. UN의 '2016년 세계의 도시' 보고서를 보면 2016년 기준 100만 명이 거주하는 도시는 512개지만, 2030년에는 662개로 늘어날 것이라 한다. 2016년 세계 인구의 23%인 17억 명이 100만 명 규모의 도시에서 거주했던 반면, 2030년에는 그 비율이 27%

로 확대될 것이다. 이는 인구 증가 속도에 비해 인구가 도시로 몰리는 속도가 더 빠르다는 뜻이다.

　　코리빙 Co-Living(함께 살기)이 주목을 받는 이유는 이와 같은 '도시로의 쏠림 현상'에서 찾아볼 수 있다. 뉴욕 브루클린의 디자인 스튜디오 Anton & Irene과 덴마크의 미래 라이프스타일 연구소인 SPACE10이 진행한 코리빙 관련 설문 조사 결과■에서도 도시 선호 경향은 밀레니얼뿐만 아니라, 전 세대에서 확연하게 드러났다.

　　최근 셰어하우스 상품이 우후죽순 등장하는 것도 이 때문이다. 많은 사람이 도심에서 살고 싶어 한다. 하지만 도시에서의 삶은 녹록지 않으므로 비용을 줄여야 한다. 최근 한국의 고용 지표는 IMF 외환위기 이후 최악이니■■, 저비용을 추구하는 것은 당연한 일이라 볼 수 있다. 하지만 문제는 도시로 몰리는 이들의 눈높이다. 이른바 '역대 최고 스펙'을 갖췄다고 일컬어지며 다양한 문화 혜택을 받고 자라온 밀레니얼에게 품질은 굉장히 중요한 요소다. 원하는 품질의 주택에서 허용 가능한 가격을 들여 살기 위해서는 코리빙을 통해 비용을 줄이는 수밖에 없다.

　　경제적 여유는 프라이버시를 추구하도록 이끌고 그것이 가능하도록 해주지만, 경제적 여유가 사라지면 가장 먼저 포기할 수밖에 없는 가치가 프라이버시다. 이를 유지하기 위한 비용이 만만치 않기 때문이다. 프라이버시를 조금 희생하더라도 저비용으로 만족스러운 상품을 이용하고자 하는 욕구는 셰어하우스의 등장으로 이어졌다.

　　　　　■ ONE SHARED HOUSE 2030-results, http://onesharedhouse2030.com/results/.

　　　　　■■ 〈끝나지 않는 '일자리 쇼크'…고용률·청년실업률 외환위기 이후 최악〉, 《서울경제》, 2018.09.12.

코리빙은 새로운 것이 아니다

사실 코리빙은 새롭지 않다. 이미 우리는 1980~1990년대의 하숙생 커뮤니티를 그린 드라마 〈응답하라 1994〉를 보고 열광한 적이 있다. 이 드라마에 나온 하숙이야말로 한국 코리빙의 원조라고 할 수 있다. 집주인은 방과 아침 식사는 물론이고, 청소와 빨래 서비스까지 제공한다. 구성원끼리 불화가 생기면 문제를 해결해주기도 한다. 과거의 코리빙은 이와 같은 하숙집 주인의 존재로 인해 단순히 같이 살며 서로에게 의지하는 수준을 넘어선다.

이처럼 청소, 커뮤니티 조율 등의 '서비스'를 제공하는 방식은 최근 영미권에서 등장한 코리빙의 핵심 요소다. 영국 런던에는 시내에서 살고 싶어 하는 젊은이들을 대상으로 만든 공유 주택, 올드오크가 있는데, 이곳은 546명이 함께 살 수 있게 디자인됐다. 특히 커뮤니티 매니저가 있어 건물을 관리하는 동시에 구성원 간의 관계를 조율해주는 역할을 한다.

문제는 이 같은 서비스가 등장하기 위해서는 규모의 경제가 필요하다는 점이다. 공유 주택 입주자 수가 일정 수준을 넘어서야 입주자들이 내는 비용을 조금씩 쪼개어 화려한 공유 공간을 유지할 수 있고, 각종 서비스를 제공할 수 있으며, 구성원들을 서로 연결하는 이벤트도 열 수 있다. 이는 올드오크와 같은 대규모 공유 주택이 갖는 장점이다.

하지만 규모가 작을 때는 '하숙집 주인' 서비스가 제공되기 어렵고, 필연적으로 삶의 질이 떨어지는 결과로 이어질 수도 있다. 이 때문에 한 시사 잡지는 〈9억짜리 아파트 50만원에 살다〉라는 기사를 통해 방 네 개짜리 아파트를 쪼개어 무려 열 명에게 임대하는 사례를 조명하며 "시대에 맞게 거듭난 현대판 고시원"이라고 묘사하기도 했다. ■

새로운 공동체로 거듭날 수 있을까

비록 경제적 요인으로 인해 프라이버시가 거세되면서 등장한 코리빙이긴 하지만, 인간과 인간의 만남은 언제나 그 자체로 가능성을 열어준다. 입주자들은 코리빙을 통해 외로움을 해소하고, 서로의 든든한 버팀목이 되기도 한다. 서울시에서 진행하는 공동체 주택 논의에 3년간 참여하면서 만난 많은 사람은 "외로움과 소외감을 해소하기 위해" 남들과 같이 살고 싶다고 말했다.

물론 시장의 트렌드에 따라 자연스럽게(상업적으로) 등장하며 "자본주의자들의 일회용 유토피아"라는 지적을 받기도 하는 영미권의 공유 주택과■■, '공동체'라는 관계망을 최우선으로 서울시가 추진 중인 공유 주택은 서로 다른 철학을 기반으로 하는지도 모른다. 하지만 결국은 저비용의 멋진 공간에서 더불어 사는 즐거움을 느끼길 원한다는 점에서 본질적으로 같다고 볼 수 있지 않을까? 여기에 어떤 수식어를 붙이든 마찬가지다. 코리빙 열풍 속에서 우리는 이미 새로운 공동체를 만들어 내는 길로 한 발 들어선 것인지도 모른다.

■ 〈9억짜리 아파트 50만원에 살다〉, 《한겨레21》, 2017.09.18.
■■ 〈'우아한 생활공동체' 혹은 '일회용 유토피아' 젊은이들 몰려들다〉, 《한겨레》, 2016.08.22.

음성원

오랜 신문 기자 경력과 전문성을 바탕으로 도시 분야에 대한 글을 꾸준히 쓰고 있는 도시건축 전문작가. 최근에는 공유 경제 대표 기업인 에어비앤비에 합류해 공유 도시의 미래에 대해 탐구하고 있다. 저작으로 『팝업시티』, 『도시의 재구성』, 『시티오브뉴욕』 등이 있다.

도시에서 우리가 살아가는 방법

서울소셜스탠다드 대표
김하나

도시에서 산다는 것은 잘 갖춰진 인프라와 풍부한 문화생활을 얻는 대신 어디를 가든 수많은 군중과 치솟는 집값을 감내해야 한다는 것을 의미한다. '절이 싫으면 중이 떠난다'는 말처럼 누군가는 차라리 도시를 떠나기도 하지만, 혼잡하고 물가가 비싼 이곳에서 단단히 버틴 채 삶을 살아갈 방법은 과연 없는 것일까? 기존 관습에서 벗어나 코리빙에 주목하는 서울소셜스탠다드의 행보는 도시에서 살아가는 이들에게 새로운 라이프스타일의 가능성을 보여준다. 도시는 이미 변화하고 있고, 더 이상 주변과 똑같은 삶의 방식을 고집할 필요는 없다.

> 그동안 공동 주거는 많았지만, 새로운 라이프스타일로서 코리빙이 주목받은 것은 최근의 일이다.

코리빙은 도시에서 사는 1인 가구에게 불가피한 주거 형태다. 도시에서 일하고, 도시에 모여 살 수밖에 없을 때는 밀도 때문에라도 'Co-'라는 공유의 가치를 받아들일 수밖에 없다. 사실 공유 경제를 기반으로 하는 주거 형태는 '나만의 공간'을 점유하지 못한다는 측면에서 서글픈 면이 있다. 이에 대한 고민은 자연스럽게 관계에 대한 고민으로 이어졌다. 가족 개념이 붕괴되는 시점에 밀레니얼은 어느 때보다 큰 변화를 겪고 있다. 회사명을 '서울소셜스탠다드'라고 지은 이유도 사회가 요구하는 가치가 빠르게 바뀌는 상황에서 새로운 표준을 제시하겠다는 생각 때문이었다. 반면 국내에선 아직 '코리빙'이라는 용어의 개념조차 제대로 정립되지 않았다. 기존의 셰어하우스가 주거비 절약을 위해 집을 나눠 쓰는 개념이었다면, 오늘날 코리빙은 1인 가구의 새로운 라이프스타일을 대변하기 위한 단어로 쓰이는 경향이 있다. 코리빙, 코하우징, 셰어하우스, 컬렉티브하우스 등 비슷한 용어가 뒤섞여 사용되지만, 코워킹과 운을 맞추려고 코리빙이라는 말을 더 많이 쓰는 듯하다.

코리빙에 관심을 가지게 된 계기는 무엇이었나.

오래전부터 주거와 노동 간의 밀접한 연관성에 주목하고 있었다. 성나연 공동 대표가 일전에 일본의 셰어하우스에서 간호사, 작가, 바텐더와 같이 살았는데, 생활 스케줄이 전혀 달라서 화장실을 같이 사용하는 시간대가 거의 없었다. 여러 공간을 겹치지 않게 혼자 사용할 수 있었던 것이다. 우리는 이를 '시간차 공격'이라고 표현한다. 일본의 노동 시장이 일반적인 9 to 6 직업군으로만 이뤄져 있지 않고, 상대적으로 자유롭기 때문에 가능한 일이었다. 오늘날에는 평생 직장이 사라지고, 노동과 근무 형태도 과거에 비해 훨씬 유연하다. 또한 회사 근처로 계속 집을 옮기다 보니 가벼운 주거 형태도 필요하다. 우리가 사는 방식은 일하는 방식과 연결돼 있으므로, 일터와 삶터가 바뀌고 혼합되면서 공동 주거 형태는 계속 늘어날 것이다.

통의동집에서는 한옥이 많은 서촌 풍경이 시야에 고스란히 들어와
동네의 분위기를 체감할 수 있다

> 지역마다 다른 특성에 부합하는 코리빙 공간 구현이 가능한지
> 궁금하다.

지역성을 반영하는 것이 개인적으로 가장 큰 목표다. 공간 자체에 지역적 특징은 없지만, 역삼동, 연남동, 통의동 주택은 각기 다른 분위기를 갖고 있다. 연남동과 홍대 인근에는 작가들이 많이 살고 있는데, 이들은 동네 단골 가게에서 모든 것을 해결한다. 그 때문에 연남동의 어쩌다집@연남에는 집 안에 별도의 코워킹 스페이스를 둘 필요가 없었다. 하지만 역삼동의 위드썸띵 지하 1층에는 업무를 볼 수 있는 코워킹 스페이스가 있고, 1층에는 밤늦도록 불을 밝혀주는 카페가 있다. 그리고 골목 이면에 유흥가가 많아 아지트처럼 느낄 수 있는 공간이 추가로 필요했다. 반면 집 안에서 고즈넉한 한옥 풍경이 보이는 통의동집은 지역색이 가장 뚜렷한 공간이다. 오래된 건물이 지닌 단점에도 불구하고 동네가 가진 매력이 워낙 강해서 대부분 그 동네에 살아보고 싶은 사람들이 들어온다.

얼마 전까지만 해도 서울에 과연 지역성이란 것이 존재하고, 이를 반영한 코리빙 공간 구현이 가능할지 의문이 있었지만, 지금은 생각이 바뀌었다. 밀레니얼은 자신을 점점 더 많이 드러내고, 이러한 변화가 동네마다 감지되는 것 같다. 오히려 우리가 서울이라는 지역에 밀착해서 보지 못했다는 생각이 들어 지난 5년 동안 지역 조사를 꾸준히 해왔다.

코리빙 공간을 만들 때 가장 중요시하는 점은 무엇인가.

아무리 공간을 잘 꾸며도 동네의 매력도가 떨어지면 외면받는다. 여러 경험을 통해 내가 사는 공간뿐만 아니라 동네도 좋아야 한다는 것을 깨달았다. 역삼동 코리빙 공간은 입주자들이 동네에 애정이 없다 보니 운영이 힘들어 잠시 문을 닫은 적도 있다. 그동안 한국에서 좋은 주거지의 선택 기준은 학군의 유무였다. 그렇다면 서울 인구의 30~40%에 육박하는 1인 가구의 주거지 선택 기준과 그들에게 필요한 근린 시설은 무엇일까? 1인 가구의 주거 비용은 지하철역까지의 거리와 방 크기의 차이 외에 금액적인 변수가 거의 없다. 고민 끝에 그 지역에서 거점이 될 만한 상업 공간을 1층에 만들기로 했다. 퇴근 후 편안하게 들를 수 있는 술집이든, 아주 맛있는 빵을 굽는 제과점이든, 책을 읽기 좋은 동네 서점이든, 입주자들이 이 동네에 살고 싶도록 만들 만한 공간이 필요하다는 것이 자체적인 결론이었다. 일반적인 저층 주거지가 1층에 주차가 가능한 필로티 구조로 설계되다 보니 동네 골목을 걷는 일은 마치 지하 주차장을 걷는 것처럼 느껴진다. 이러한 1층 공간에 코리빙 공간 내외부의 접점이 되는 시설을 만들면 점차 걷고 싶은 동네가 될 수 있으리라 생각했다. 그것이 바로 '개인의 전용 공간 Private, 함께 쓰는 공유 공간 Semi-Private, 외부인도 드나드는 저층부의 열린 공유 공간 Semi-Public, 동네 골목 공공 공간 Public'으로 구성된 건물이다. 공간의 층위를 다르게 해 집이라는 한정된 공간에서 다양한 경험을 제공한다.

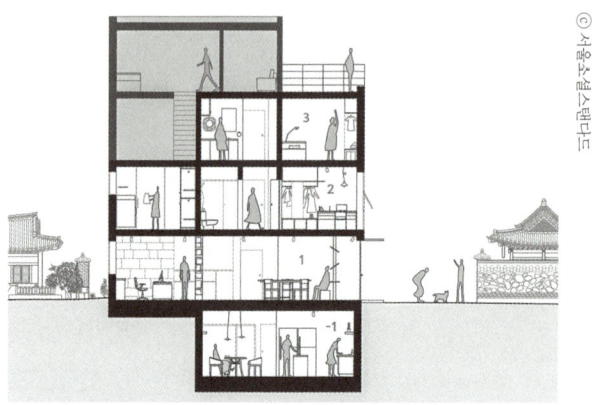

서울소셜스탠다드가 제안하는 4단계를 반영한 건물 단면도
지하 1층 부엌이 저층부의 열린 공유 공간이고, 1층이 동네 골목 공공 공간이다

코리빙 공간 역시 동네와의 접점이 중요하다는 말인가.

그렇다. 신림동 소담소담의 경우는 프라이빗한 공간으로만 이뤄져 있다. 그러다 보니 다른 코리빙 공간보다 외부인에 대한 경계도 심하다. 외부와 접점을 이루는 공간이 내부에 하나는 있어야 하겠더라. 통의동 집의 경우 1층에 있는 정림건축문화재단이 그런 역할을 해준다. 직업상 출장을 자주 다니는 입주자 한 명은 "집에 돌아왔을 때 1층에 불이 밝게 켜져 있고, 그곳에서 외부인과 입주자 모두 참여 가능한 다양한 행사도 열리고, 무엇보다 집 안에 늘 사람의 온기가 있는 것이 좋다"고 말한다. 또한 정기적으로 방문해 관리를 하지만, 매번 직접 처리하러 가면 관리자 입장에서 시간과 비용이 만만찮게 든다. 대신 1층 상업 공간의 관리인이 코리빙 공간 전체를 관리한다면 문제 대부분이 간단하게 해결되고 비용도 절감된다. 현재 응암동에 오픈을 앞두고 있는 코리빙 공간은 1층을 입주자들이 공동 운영하도록 만들었다. 상업 시설을 공동 운영한 수익으로 월세를 보전하려는 첫 시도다.

정림건축문화재단에서 운영하는 통의동집 1층의 공유 라운지는
코리빙 공간과 동네의 접점이 된다

입주자들이 서울소셜스탠다드의 코리빙 공간에서 살고 싶어 하는 이유는 무엇이라 생각하나.

대부분 공간이니 서비스보다노 일상적인 경험을 좋았던 점으로 꼽는다. 분당 오피스텔에서 지하철 타고 두 시간씩 출퇴근했던 어떤 입주자는, 통의동집에 살게 되면서 눈 오는 날 서촌에서 광화문까지 걸어서 출근하는 길이 너무 행복했다고 하더라. 그때 "매일의 경험이 새로운 집"이라는 회사 슬로건이 나왔다. 나는 건축가로서 천장이 높은 공간, 환기가 되는 화장실 등 좋은 시설에 대해 고민했지만, 사람들이 정말 원하는 것은 이곳에서의 삶을 통해 일상의 경험이 바뀌는 것이다. 코리빙 공간을 운영하는 주체는 자신들이 지향하는 가치가 입주자에게 어떤 이익을 제공할지 명확하게 인지해야 한다. 이때 이익이란 사람에 따라 멋진 공간일 수도, 저렴한 가격일 수도, 같이 사는 사람이나 동네의 매력일 수도 있다. 함께 산다는 것은 반드시 불편함을 동반한다. 그러나 그것을 능가하는 무언가가 있기 때문에 이곳에 산다. 규칙과 여러 시설이나 장치로 불편함을 최소화할 수는 있지만, 한계가 있다고 생각한다.

소담소담과 통의동집은 여성 전용으로 운영된다. 여성을 타깃으로 한 이유는?

코리빙의 매력 중 하나는 주거 안정성이다. 심리적 안정감을 찾고, 대안 가족을 이루는 것이다. 아무래도 여성은 도시의 1인 가구 중에서도 안전에 취약한 편이기 때문에 함께 산다는 것이 훨씬 매력적으로 다가올 것이다. 여성이 상대적으로 낯선 사람과 잘 어울리는 편이기도 하고. 그리고 코리빙에서 가장 불편한 것은 소음 문제인데, 여성의 경우 기계나 배관 소음이 아닌 입주자 간 소음은 얼굴을 아는 사람이 내는 소리이기 때문에 백색 소음으로 받아들이는 경향이 있다.

코리빙 문화가 앞으로 우리 사회에 어떤 영향을 미치리라 생각하나.

주거 문제는 개인이 아니라 국가가 해결해야 하는 문제다. 우리나라는 정부 주도적인 것이 특징이라 코워킹 스페이스도 지자체나 정부에서 많이 운영한다. 다만 청년 창업 공간에 비해 청년 주거 공간은 여전히 부족하다. 최근 정책 개선을 위해 노력하고 있지만, 국가에서 제시하는 해결책의 기조는 대체로 '서울 이외의 지역에 싸고 좋은 집이 많으니 그곳에 가라'는 것이다. 그러나 아무리 좋은 주거 환경을 제공해도 학교에서 밤새워서 과제하고, 친구들과 밤늦게까지 어울리는 청년들의 라이프스타일을 고려하면 학교 앞 반지하가 더 나은 선택지다. 결국 서울이라는 도시 안에서 해결책을 찾아야 하고, 이때 코리빙은 좋은 대안이다.

처음 코리빙 사업을 시작했을 때 우리는 한마디로 '인디'였다. 그저 주거 형태의 다양성이 없는 것에 대한 반기로 이 일을 시작했다. 모든 집이 코

리빙 형태이길 바라는 것도, 모든 1인 가구의 주택이 공유를 추구해야
하는 것도 아니다. 다만 당시엔 작은 시장이었지만, 주류가 조금이라도
움직이길 바랐고, 현재 국내 주거 시장에 새로운 흐름이 생겨 기쁘다.
앞서 말했듯이 이는 가족 구성, 노동 형태, 라이프스타일이 바뀌어가는
결과로 직면한 자연스러운 시대적 흐름이다.

김하나

서울소셜스탠다드, 줄여서 삼시옷(ㅅㅅㅅ)이라는 소셜 벤쳐 기업을 운영하고 있다. 빠르고 밀도 높은 성장의 역사를 가진 서울을 배경으로 그 안의 사람과 시간, 공간이 만드는 다양한 관계 속에서 우리가 지지해야 할 표준은 무엇인지 발굴하고 만들어간다. 대표적으로 일련의 셰어하우스 프로젝트가 알려져 있다.

혼자 또 같이 산다
미스터홈즈 이사 이재우

공유 경제가 거부할 수 없는 시대적 흐름이라곤 하지만, 문득 이런 의문이 머릿속을 스친다. '나는 정말 낯선 타인과 공간을 공유하며 같이 살 수 있을까?' 함께 살기를 통해 얻는 이득도 있지만, 함께 살기로 결심한 이상 개인의 독립성을 완벽하게 보장받기란 힘들다. 코리빙이 지닌 최대 약점은 '프라이버시의 희생'이 불가피하다는 점이다. 1인 가구 종합 부동산 솔루션을 제공하는 미스터홈즈는 공유의 가치만큼이나 개인의 독립성을 존중하는 코리빙을 구현할 수 있다고 말한다. 개별 룸으로 구성된 '홈즈스튜디오'와 공유 라운지인 '홈즈리빙라운지'의 유기적인 결합으로 이뤄진 이 공유 모델은, 코리빙 문화가 아직 낯선 이들이 주목할 만한 새로운 시도를 보여준다.

코리빙 분야에 뛰어들게 된 계기는 무엇인가.
처음부터 코리빙 사업을 해야겠다는 생각으로 시작한 것은 아니었다.

공동창업자 모두가 도시학을 전공했는데, 그동안 해왔던 대규모의 도시 개발이 아니라 1인 가구의 취약한 주거 문제를 해결해보고 싶었다. 시장을 살펴보니 1인 가구 수가 500만 명이 넘어가고, 비율 또한 전체 가구의 30%가 넘을 정도로 증가했지만, 그들이 사는 주거 공간의 질과 양은 턱없이 모자랐다. 한국은 산업 구조상 대기업 중심의 건설사가 지은 아파트에 거주하는 비율이 60% 가까이 되는데, 공간 규모가 대부분 3~4인 가구에 맞춰져 있다. 1인 가구가 증가하는 시점에 오히려 아파트만 늘고 있으니 변화가 필요하다고 생각했다. 1인 가구에게 좋은 주거 환경을 제공하고 싶지만, 그들이 지불할 수 있는 임대료 수준은 정해져 있기 때문에 결국 이를 함께 풀려면 규모의 경제라는 관점에서 접근할 수밖에 없었다.

종합 부동산 서비스를 통해 1인 주거 솔루션을 제공하고 있다.
국내에는 10만 개의 부동산 중개업소가 있다. 그동안은 부동산 중개업소 간 경쟁 때문에 부동산 경험이 부족한 1인 가구가 집을 구할 때 피해를 입곤 했다. 이러한 중개 서비스부터 개선해보고자 관악센터를 열었다. 허위 매물 없이 올바른 방식으로만 중개 서비스를 제공하려는 취지는 좋았으나 그 방식으로는 경쟁력을 갖추기 어려웠고, 1인 가구가 살 만한 좋은 집 자체가 많지 않았다. 결국 생각했던 것보다 빨리 이들을 위한 집을 우리가 지어야겠다고 결심했다. 그렇게 홈즈스튜디오라는 브랜드를 만든 뒤 살고 싶은 집, 좋은 집의 기준을 직접 세우고, 그에 부합하는 공간을 만들기 시작했다.

홈즈스튜디오와 홈즈리빙라운지의 결합으로 서비스를 구성했다.

남영역에 있는 홈즈스튜디오 1호점은 총 62실로 이뤄진 건물인데 마스터리스■를 하고, 내부도 1인 가구에 맞는 구성으로 개보수했다. 하지만 1인 가구가 좁은 방에서 할 수 있는 활동은 한정적이다. 밀레니얼은 '카공족'이나 '코피스족'■■처럼 밖에서 모든 것을 해결하고, 집에서는 잠만 잔다. 그래서 건물 내부나 집과 가까운 외부 공간에 거실을 두기로 했다. 일종의 거실 개념으로 시작해 그 안에 필요한 기능을 고심하며 기획한 공간이 '공유 라운지'다. 그러다 보니 자연스럽게 미스터홈즈의 공간이 하나의 코리빙 서비스로 여겨지게 됐다.

이처럼 독립성과 프라이버시를 강조한 코리빙 형태인데, 독립적으로 존재하는 개인룸 외에 생활하면서 다른 공간이나 서비스가 필요할 때는 좀 더 넓은 공유 라운지를 사용한다. 다른 코리빙 서비스는 본인의 의지나 성향과 상관없이 너무 끈끈한 커뮤니티와 규정이 불편함으로 다가오는 경우가 많다. 서비스마다 장점이 있고, 그런 형태의 코리빙이 라이프스타일에 맞는 사람도 있지만, 개인적인 성향이 강한 밀레니얼의 특성상 너무 많은 것을 공유하는 것은 부담으로 작용할 수 있다. 다만, 혼자 살기는 외로우니 최대한 이를 고려해 개인 생활과 공동 생활의 범위를 본인이 결정할 수 있는 형태로 운영하고 있다.

■**마스터리스 Master Lease** 부동산 개발 업체가 건물을 통째로 임대·관리하는 사업 방식으로, 업체는 건물을 장기 임대하고 이를 재임대해 수익을 얻는다.

■■**코피스족** 커피 Coffee와 사무실 Office의 합성어로 커피 전문점에서 일하거나 공부하는 사람을 지칭하는 말.

현재 용산과 강남, 관악, 송파에 공간이 있는데, 지역 선정 기준과 실제 수요가 궁금하다.

가장 중요한 기준은 해당 지역의 1인 가구 주거 비율이다. 지역 안에서는 역세권을 중심으로 살펴본다. 관악센터, 강남센터를 낸 것도 같은 이유다. 처음에는 코리빙 개념 자체가 국내에서 낯설다 보니 우리가 건물을 찾고 임대해서 공간을 만든 뒤 운영했다. 이 모델이 시장에서 어느 정도 알려지고 입주자도 많아지면서 요즘은 오히려 먼저 사업을 의뢰해오는 경우가 늘고 있다.

남영역 지점을 오픈할 때, 62실이 결코 작은 규모가 아니라서 고민이 많았다. 다행히 두 달이 되지 않아 공간이 다 찼고, 이후로 1년 반이 넘도록 공실 없이 운영되고 있다. 고무적인 점은 예약 대기 중인 고객이 꾸준히 있다는 것이다. 좋은 입지를 찾기도 했지만, 결국 고객에게 필요한 공간 서비스를 반영한 주택을 기획하고 제공한 것이 매력으로 작용했다고 본다. 또, 기존 주택은 분양에만 초점을 맞춘 나머지 정작 사는 동안엔 별다른 서비스를 제공하지 않는데, 우리는 직접 공간을 운영하면서 입주자에게 지속적인 관리 서비스를 제공하니 만족도도 상당히 높다. 내부적으로도 운영을 통해 얻은 경험과 피드백을 바탕으로 좋은 건물을 찾고, 기획하고, 디자인하는 선순환을 만들어내고 있다.

/ **코리빙 공간 내 커뮤니티 운영은 어떤 방식으로 이뤄지나.**

한 달에 한두 번, 주 1~2회 정도 '홈트레이닝 클래스'나 '무비데이', '작은 음악 콘서트' 같은 프로그램을 제공한다. 원하는 사람이 자유롭게 참여하는 일상적인 모임 정도로 기획한다. 작년 12월부터는 취향 공유 플랫폼 '남의 집 프로젝트'를 홈즈리빙라운지에서 정기적으로 진행하고 있는데, 1인 가구가 본인의 취향을 공유하고, 교류하는 기회가 될 것이다. 초반에는 다양한 프로그램이 가능하다는 것을 어느 정도 보여줄 필요가 있다. 하지만 장기적으로는 자생적으로 모임이 이뤄지기를 기대한다. 개발 중인 앱을 통해 누구나 호스트가 돼서 행사도 열고, 마음 맞는 사람끼리 모여 근처에서 자전거를 탄다거나 하는 식으로 말이다.

위: 개인의 독립성이 보장되는 홈즈스튜디오
아래: 멤버십 회원이라면 누구나 사용 가능한 홈즈리빙라운지의 모습
홈즈스튜디오와 홈즈리빙라운지는 같은 건물 내에 붙어 있거나
근거리에 있어 서비스 이용이 편리하다

／개인의 독립성 보장을 강조하는데, 자생적 커뮤니티를 만드는 이유는 무엇인가.

인위적으로 개입해 커뮤니티를 유지할 수는 없다. 다만 원룸에서 혼자 사는 경우에는 외롭기 마련인데, 공용 공간에서 각자 다른 활동을 하면서도 같이 있다는 것 자체로 완화되는 효과가 있다. 여기에서 더 나아가 입주자들이 행사에 모여 비슷한 감정을 토로하면서 서로 친해지고, 모임도 만들더라. 이런 모습을 보니, 그들에게 필요하다면 우리가 함께 할 수 있는 잠재적 입주자를 만들어주고, 어느 정도 시스템을 구축해줘야겠다 싶었다.

> 배달 세탁 업체 리화이트, 코인 세탁 업체 와스코와의 협업으로 세탁 서비스를 제공하고, 홈핏의 홈트레이닝 프로그램을 공간과 연계하는 등 생활 서비스를 외부 업체와 제휴해 해결한다. 코리빙 공간이 플랫폼으로서 기능하며 새로운 비즈니스 모델을 만들어내고 있다.

직접 할 수도 있지만, 우리는 각 서비스의 전문 회사가 아니다 보니 애초에 그 분야에서 잘하고 있는 스타트업이나 기존 기업과 협업하면 오히려 양질의 서비스를 제공할 수 있겠다 싶었다. 모든 것을 독자적으로 해내려고 하면 비용과 인력 면에서 부담이 되기 마련이다. 각자의 서비스를 통해 협업하고 수익을 나누는 구조는 상생하면서 좋은 서비스를 제공하고, 각 지역의 플레이어를 참여시키는 기회가 될 수 있다. 배달 세탁 서비스의 경우 담당 업체가 동네 세탁소와 고객을 연결해주는 방식이기 때문에 지역 활성화에 도움이 되기도 한다. 또한 지역 안에 공유 공간을 둠으로써 지역과의 연결을 모색하는데, 지역 주민도 공간을 같이 이용하고 여기에서 다양한 활동이 이뤄지는 구조가 확산되면 도시에도 조금씩 변화가 생기지 않을까 싶다.

> 최근엔 코워킹 업체인 씨티큐브와도 제휴했다.

공유 공간을 코워킹 서비스와 코리빙 서비스가 한 번 더 셰어하면서 생기는 시너지가 있다. 코리빙의 주 이용 시간대는 평일 저녁과 주말이다.

반면 코워킹의 경우는 평일 업무 시간에 활발하게 쓰이고 그 이후로는 공간 이용률이 떨어진다. 시간대를 다르게 해서 하나의 라운지를 공유하면 공간을 더 효율적으로 활용할 수 있다. 현재 이 모델을 함께 기획 중인데, 새로 생길 서울역 지점이 이러한 형태로 올해 초 오픈할 예정이다. 코워킹 공간과 코리빙 공간이 서로 공유할 수 있는 일부 시설과 서비스가 있을 테니 훨씬 더 좋은 서비스를 제공할 수 있을 것이다.

홈즈리빙라운지의 다양한 생활 서비스는
전문 외부 업체와의 제휴를 통해 제공된다

대기업도 점차 코리빙 사업에 진출하고 있다. 국내 시장에서 사업의 지속가능성을 확신하나.

코리빙이나 1인 가구 주택 시장에 대한 관심이 생기고, 그들의 주거 공간과 서비스를 개선하는 흐름이 생긴다는 측면에서 시장이 더 커지고, 다양한 플레이어가 시장에 들어오는 것을 긍정적으로 보고 있다. 어떻게 보면 경쟁이라 할 수 있지만, 대기업은 간접 비용이 더 많이 드니 프로젝트 수행에 제약이 있으리라 생각한다. 그들은 아무래도 고급 코리빙 서비스를 제공하는 프리미엄 방식으로 갈 가능성이 높다. 따라서 타깃 자체가 다를 것이다.

사실 코리빙의 투자 대비 수익률은 비슷한 사업 구조의 코워킹에 비해서는 낮은 편이다. 주거 관련 공간이다 보니 코워킹 공간에 비해 시설 비용도 많이 들어가고, 꼼꼼하게 신경 쓰고 관리해야 하는 부분이 많기 때문이다. 하지만 1인 가구 주택의 시장성은 높다. 개선할 부분이 많아 다양한 사업을 벌여볼 수 있고, 좋은 주거 공간에 대한 수요도 높기 때문이다. 주거 공간으로 활용 가능한 건물과 지역이 훨씬 광범위하다는 점도 시장성을 높게 볼 수 있는 이유다.

우리의 미래는 일종의 타운 형태가 되지 않을까 싶다. 각 거점이 되는 홈즈스튜디오와 공유 라운지가 중심에 있으면 그 주변으로 중소 규모의 다른 홈즈스튜디오가 있어 공유 공간을 셰어하고, 그 사이사이 제휴한 로컬 공간도 이용하면서 모든 혜택이 결국 이곳에 사는 1인 가구에게 돌아오는 것이다. 우리나라 가구의 상당수가 자신이 사는 공간의 반경 500m 안에서 소비 활동을 한다고 한다. 전체 멤버십 안에서 생활이 윤택해지는 효과가 자연스럽게 이뤄지는 구조를 구축하는 것이 우리의 계획이자 목표다.

이재우

1인 가구 주거 공간을 개발, 기획, 디자인하고 직접 운영하는 미스터홈즈의 공동창업자이자 크리에이티브 디렉터이다. 연세대학교 도시공학과를 졸업하고 광고회사 comon21, 제일기획에서 브랜드 전략 및 광고 기획 업무를 담당했다. 네덜란드 델프트공대 대학원에서 유학 후 도시건축그룹 FUR과 MVRDV에서 네덜란드 도시계획사로 활동하며 서울로7017 프로젝트를 맡아 진행했다. 2015년 귀국한 뒤 미스터홈즈를 창업해 운영 중이다.

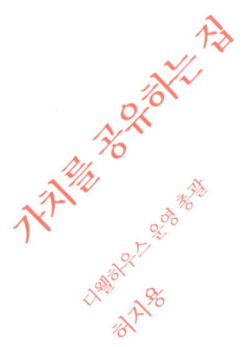

가치를 공유하는 집
디웰하우스 운영 총괄
허지웅

세상에 긍정적인 영향을 끼치는 삶에 대한 욕구를 지닌 사람. 이를 일컬어 '체인지메이커'라 한다. 루트임팩트에서 운영하는 디웰하우스는 이들을 위한 코리빙 하우스를 표방한다. 사회적 기업가, 소셜 벤처 및 비영리 활동가, 개발자와 공익 프로젝트 운영자 등 다양한 분야에서 활동하는 이들은 기꺼이 이곳의 구성원이 돼 함께 살기를 원한다. 체인지메이커들이 가치를 공유하는 커뮤니티 공간으로서, 이곳은 단순한 셰어하우스 그 이상으로 나아가고 있다.

> 디웰하우스는 국내 코리빙 공간 중 유일하게 체인지메이커일 것을 입주 자격 요건으로 내걸고 있다.

애초에 기존 고객이었던 사회적 기업이나 소셜 벤처 입주자 간 커뮤니티를 만들기 위한 수단으로 코리빙을 선택했다. 현재 체인지메이커를 위한 코워킹 커뮤니티 스페이스 헤이그라운드를 운영하고 있는데, 그 이전에 카페형 협업 업무 공간인 '허브서울'이라는 프로젝트를 1년 반 정도 운영한 적이 있다. 당시 비슷한 가치관과 직업을 가진 사람들이 모여 일하면 재미도 있고 시너지 효과도 생기리라 기대했다. 그런데 함께 일하는 것만으로는 그리 끈끈한 관계가 생기지 않더라. 같이 먹고사는 환경을 조성하면 하숙집처럼 재미있고, 끈끈한 관계를 이루며 살 수 있을 것 같았다. 이후 성수동의 30년가량 된 노후 주택 두 채를 리모델링해 1, 2호점을 운영하게 됐고, 현재 25명 남짓한 구성원들이 재미있게 지내고 있다. 특히 사회적 기업이나 관련 분야에서 일을 막 시작한 이들은 보상 수준이 낮거나 수입이 들쭉날쭉한 경우가 많다. 이들의 주거비 부담을 줄여주는 것이 좋은 혜택이 될 것이라 생각했다.

오래된 다가구 주택은 리모델링을 거쳐 청년 사회 혁신가를 위한 코리빙 공간으로 재탄생했다

집값, 땅값, 임대료는 끝없이 오르고, 저축이나 미래에 대한 투자만이 답이 아니라는 젊은 층의 인식 변화 속에서 코리빙이

가치를 공유하는 집

더욱 주목받는 듯하다.

경제적 요인에 동의한다. 같은 돈이면 모든 것을 갖춘 좁은 공간 대신 다른 사람과 어울리면서 더 넓은 거실도 쓰고, 재미있게 살고 싶어 하는 욕구가 점점 표면화되고 있다고 생각한다. 여기에는 밀레니얼의 주거 취향이 작용한다. 이 세대를 파편화되고 개인주의가 강한 세대라고 하지만, 개인주의와 홀로 있고 싶은 것은 다르다. 밀레니얼에 해당하는 20~30대를 인터뷰했더니 "혼자 외롭게 지내는 것이 지겹고, 다른 사람들과 어울리고 싶은데 그러지 못할 뿐"이라고 말하더라. 워낙 고립된 채 살았으니 같이 살면서 타인에게서 무언가를 배울 수 있다는 것에 만족감을 느끼는 것 같다. 함께하면서 잘 노는 법도 배우고, 일상이 훨씬 재미있고 풍부해지는 것이다.

입주자 간에는 협업과 성장을 위한 적극적인 네트워킹이 이뤄진다

같이 산다는 것 자체가 일종의 네트워킹이라는 점을 매력적으로 느끼는 것 같다.

맞다. 물론 우리에게는 체인지메이커라는 세부 타깃이 있지만, 밀레니얼의 성향이 우리의 의도와 잘 맞아떨어졌다. '이곳에 어떤 목적으로 들어오는가'가 브랜딩의 핵심인데, 한마디로 정리하자면 '저 인적 네트워크를 내 인생에 끌어들이고 싶다'이다. 실제로 코리빙 공간을 운영해보니 전혀 모르는 사람과 사는 것보다는 자신과 공통점이 있거나 배울 점이 있어 그와 친해지고 싶다는 마음을 가진 채로 들어왔을 때 더욱 우호적인 관계가 유지되고, 커뮤니티를 조성하는 데 큰 힘이 된다는 것을 발견했다. 불가피한 갈등이나 충돌을 극복할 때도 공통분모가 있는 편이 도움이 되고.

/ **커뮤니티의 필요 조건을 '동질성과 다양성의 적절한 균형'이라 말했는데, 이를 풀어서 설명해달라.**

가치관 측면에서 사회 혁신 분야의 일을 하거나 혹은 사회에 긍정적인 영향을 끼치고 싶나는 욕구를 가졌다는 점이 공통분모다. 연령대는 20대 후반에서 30대 초반이 가장 많기 때문에 세대 공감도 더해진다. 그 외에는 출신, 성별 등이 모두 다양하다. 구성원 특성이 너무 동일하면 재미가 없고, 서로 비슷한 업무에 대한 이야기만 한다면 자칫 일의 연장처럼 느껴질 수 있다. 이런 이유로 좋은 지원자가 많음에도 입주자 간에 분야가 겹치지 않도록 일부러 균형을 맞춰 선정한다. 입주자 선정 시 기존에 없던 새로운 배경이나 콘텐츠를 가지고 있는 사람에게 더 높은 점수를 주는 것도 이 때문이다.

/ **입주자 선정 심사를 세 단계에 걸쳐 까다롭게 진행한다고 알고 있다.**

일단 온라인으로 서류를 받는다. 어떤 일을 하고, 어떤 문제를 해결하려고 하고, 이를 위해 얼마나 고민했는지, 한마디로 진짜 체인지메이커인지 검증한다. 그리고 같이 사는 데 문제가 없는지, 새미있게 살 수 있는지, 나눌 수 있는 콘텐츠가 있는지 등을 보려고 한다. 서류 심사를 통과하면 운영팀이 일대일로 인터뷰를 하고, 마지막으로 기존 식구들과 저녁을 먹으며 파티를 한다. 이후 운영팀과 입주자들이 함께 최종 선발 여부를 결정한다. 지난 4년 동안 평균 경쟁률이 7.2 대 1 정도였고, 최근에는 10 대 1까지 뛰었다.

공간 안에서는 실제 어떤 방식으로 네트워킹이 이뤄지나.

업무적인 협력이 이뤄지는 경우가 많다. 생각보다 이직이나 퇴사가 잦은 업계라 서로를 고용하는 등 인적 자원의 교류가 많은 편이다. 입주자 세 명이 서로 모르는 사이로 만나서 같이 창업했을 때 가장 큰 보람을 느꼈다. 디웰하우스는 최대 입주 기간이 3년이고, 이후에는 졸업해야 한다. 평균적인 거주 기간은 1년 반이 조금 안 된다. 대부분 이곳에 머무르는 동안 성장하고 변화하기 때문에 3년 안에 이곳을 떠나 또 다른 활동을 시작하는 경우가 많다.

공간적인 연결도 있다. 1호점은 네 가구가 살고 있던 다가구 주택을 개조한 것으로, 독립적으로 살아가는 또래 청년들에게 적합하게 설계된 공간이 아니었다. 그래서 각 현관문을 떼고 그 자리에 창이 있는 슬라이딩 도어를 설치한 뒤, 전체 건물에 현관문을 하나 달았다. 기존 다가구 주택이 하나의 공간으로 어우러지도록 설계를 바꾼 것이다. 예를 들면 한 가구 당 세 개의 방이 있어서 세 명이 화장실과 주방을 공유하는데, 그곳만 쓰도록 한정하지 않고 건물 전체를 내키는 대로 돌아다닐 수 있게 했다. 화장실도 남성용, 여성용 각각 두 개씩 있기 때문에 붐비면 다른 곳을 사용할 수 있다.

／**입주자 간 커뮤니티 외에 지역과의 상호 작용도 이뤄지고 있나.**

입주자 절반 이상이 성수동에서 일한다. 서로 동네 길거리에서 만나서 인사하고, 같이 단골 맥줏집에 가거나 디웰 식구에게 다른 사람을 소개해주는 일들이 왕왕 일어난다. '이곳이 내 집 같다'는 것은 우리 선에서 제공할 수 있는 만족감이지만, '이 동네가 내 고향 같다'라고 느끼게끔 하는 것은 어려운 일이지 않나. 입주민들에게 그런 가치를 선사하고 있다는 점에서 뿌듯하다. 한 지역에서 일하는 친구들이 같이 살다 보니 의도하지 않은 협업 기회도 종종 생기는 편이다. 차 문화를 소개하는 지역 업체와 디웰 입주자가 운영하는 채식 재료 레스토랑이 협력하거나, 1층 공간을 무료로 대관해서 함께 동네 플리마켓을 열기도 한다. 자연스럽게 협업이 이뤄지는 모습을 보면서 지역에 청년이 살고 일할 수 있는 기반을 만들어주는 것 자체가 의미 있다고 생각하게 됐다.

코리빙 공간으로 인해 동네도 변화한다
디웰하우스는 성수동 지역의 커뮤니티 공간으로 거듭나고 있다

/ **코리빙 사업에서 가장 큰 어려움을 꼽는다면?**

건물주와의 관계가 가장 중요하다. 기본적으로 사측에서 건물을 임대한 뒤 월세를 놓는 구조라 고정 비용이 큰데, 지난 2~3년간 성수동의 임대료가 너무 올랐다. 다행히 비교적 장기 계약을 했고, 청년을 지원하고 커뮤니티를 만드는 사업에 동의하는 건물주들이라 시세보다 싸게 임대한 편이다. 사실 1년에 지점을 하나씩 새로 내는 것이 목표였지만, 지금은 신규 공간을 내지 못하고 있다. 성수동에서 월세를 맞출 수가 없으니까. 그렇지만 앞으로 확장을 하더라도 일단 성수동 지역을 최우선 선택지로 둘 것이다.

/ **한국 코리빙 시장의 흐름을 어떻게 보고 있나.**

개인적으로는 안 좋은 면보다 좋은 면이 더 많다고 생각한다. 공유 경제 분야에서 주택은 특히 공유하기 힘든 것으로 간주돼왔다. 우리는 고객군 특성상 코리빙에 관심이 있어 입주하는 경우보다 사회 혁신 분야 종사자가 살 곳을 찾다가 온 경우가 많다. 3년 전만 해도 "어떻게 같이 사나요? 그게 말이 되나요?" 같은 질문을 많이 받았는데, 요새는 코리빙이란 개념이 널리 알려지고, 공유 주택에 대한 거부감도 많이 없어져서 고객을 설득하기가 편해졌다. 최근 대기업에서 개인적인 영역이 어느 정도 지켜지는 코리빙 공간을 만들어 시장에 뛰어들고 있는데, 무섭기는 하다. 일단 규모에서 큰 차이가 나니까. 이와 차별화되는 개성 강한 서비스를 계속 개발해야겠다고 생각한다.

/ **코리빙의 활성화를 위해 정책이나 행정적인 요소에서 변화가 필요한 부분은 무엇이라 생각하나.**

현행법은 건축물의 세대 조건이나 최소 면적 등을 여전히 4인 가구가 사는 주택을 기준으로 삼는다. 공유 효과가 극대화된 재미있는 공간을 설계하려고 하면 다 불법이더라. 미국을 자주 오가는데, 그쪽은 시장이 활성화돼서 대기업이나 공공 영역에서 제공하는 코리빙 서비스부터 작은 규모의 네트워크로 연결된 형태, 국내 기업 로컬스티치처럼 코워킹과 결합한 방식까지 콘셉트도 다양하고 시설 규모도 크다. 현재 수요나 움직임을 보면 한국에서도 충분히 성장할 수 있으나, 규제에 발목이 잡혀서 혁신적인 주거 서비스가 나오지 못하고 있다.

앞으로의 목표는 무엇인가.

코리빙 형태를 좀 더 세분화하고 싶다. 앞으로는 코워킹과 코리빙이 공존해 디지털 노마드나 1인 기업 프리랜서가 일하고 잠도 잘 수 있는 공간에 대한 수요가 계속 늘어날 것이다. 그런 추세에 발맞춰, 하나는 적극적인 인큐베이팅이 가능한 업무 집중성을 갖춘 코리빙 공간으로, 다른 하나는 윤리석 소비나 채식, 요가 등의 라이프스타일과 취향을 일상에서 편하게 공유하고 배울 수 있는 코리빙 공간으로 만들고 싶다. 이를 위해 체인지메이커들의 라이프스타일을 면밀히 연구하는 중이다.

허지용

체인지메이커들의 일과 삶, 배움을 설계하는 사회 혁신 중간지원기관 루트임팩트에서 청년 체인지메이커들의 코리빙 커뮤니티 '디웰 D-Well' 사업을 담당하고 있다. 고려대학교에서 경영학과 환경생태공학을 공부한 후, 몬트리올 UN 생물다양성협약 사무국(UNSCBD)과 세계관광기구(UNWTO)에서 콜라보레이터로 일하며 민-관 협력 기반의 국립공원 운영 사례 연구와 지역 기반의 생태관광 프로그램 개발에 참여했다. 2013년 귀국 후에는 루트임팩트에 입사해 코리빙 커뮤니티 개발과 운영 업무를 지속해왔다.

Part 5.
산문

에디터
조율

과거 동네 사랑방 혹은 마을 회관에 국한됐던 지역 커뮤니티가 최근 도시 곳곳에서 다양한 모습으로 변주돼 나타나고 있다. 이렇듯 공간이나 서비스의 형태로 사람들을 모아 낯선 타인과 함께하는 무언가를 제안하는 것을 '살롱'이라 부른다. IT 기술의 발달로 타인과 손쉽게 소통이 가능한 시대, 이를 역행하는 듯 보이는 살롱 문화의 내면에는 진정한 경험, 진정한 자아를 향한 도시인들의 새로운 욕구가 깃들어 있다.

조금 더 지적이고, 조금 더 가까운 우리를 위해

트레바리 운영 총괄
정영훈

매일 해가 저물 무렵, 압구정 어느 건물 지하에는 사람들이 하나둘 모여든다. 어두침침한 계단을 지나 어딘가 수상쩍은 방으로 향하는 이들이 손에 든 것은 다름 아닌 책이다.

3년 전 압구정의 한 룸살롱 건물에서 시작한 독서 모임 트레바리는 어느새 회원 4,000여 명을 갖춘 서비스로 성장했다. 그리고 커뮤니티 서비스가 하나의 트렌드로 자리 잡기 훨씬 이전부터, 그들은 꾸준히 물어왔다. "우리 같이 읽고, 쓰고, 대화하고, 친해지지 않겠냐"고. 그 달콤한 제안에 넘어가 초창기 독서 모임에 가입했다가, 어느새 트레바리에서 빼놓을 수 없는 핵심 인물이 된 정영훈 이사를 만났다.

독서 모임 운영을 총괄하고 있다고 들었다. 구체적으로 어떤 일을 하나.

아무래도 작은 회사이다 보니 한 사람이 맡은 업무가 다양한데, 주로 독서 모임과 이벤트를 기획, 운영하고 있다. 사실 그 외에도 인사나 재무, 회계 관련 업무도 한다. 내가 이끄는 독서 모임 팀은 모임 운영, 아지트 관리, 이벤트 기획 등 고객과 직접 대면하는 모든 부분에 관여한다고 보면 된다.

창업 당시 독서 모임을 사업 아이템으로 삼은 이유가 있나.

독서 모임을 해야 하는 이유는 책을 읽어야 하는 이유와 관련이 있다. 세상이 빨리 변하는 만큼 개인도 그에 발맞춰 변화해야 하는데, 기회가 굉장히 제한적이다. 특히 대학을 졸업한 성인에게는 그런 교육 기회가 더욱 적다. 그렇다면 꾸준히 성인을 교육할 수 있는 수단이 무엇일까 생각했을 때 가장 기본이 되는 것이 바로 독서다. 하지만 일상 속에서 책을 많이 읽기란 현실적으로 쉽지 않다. 혼자 읽는 것보다는 누군가와 같이 읽을 때, 꾸준히 독서를 이어가기가 수월할 것이라고 생각했다. 사실 독서 모임 자체는 만족도가 높을 수밖에 없다. 특히 책을 좋아하는 사람들에게는 더욱 그렇다. 그러나 장소를 섭외하고, 공지 사항을 전달하고, 책을 선정하는 일 등 행정적인 부분이 생각보다 무척 번거롭다. 이런 재미없고 귀찮은 부분을 누군가 돈을 받고 해결해주고, 독서 모임을 하는 사람들은 편하고 재미있는 것만 누리게 하면 매력이 있지 않을까 하는 생각으로 사업을 시작했다.

트레바리라는 서비스가 빠르게 성장할 수 있던 데에는 공간의 힘이 컸다고 본다. 현재 압구정, 안국 그리고 성수에서 아지트를 운영 중인데, 세 동네를 선택한 특별한 이유가 있나.

첫 번째 아지트로 압구정을 선택한 이유는 그곳이 서울의 중심점이기 때문이다. 기본적으로 트레바리가 로컬 비즈니스다 보니, 최대한 많은 사람, 특히 우리가 타깃으로 삼은 20대 후반에서 30대 중반까지의 직장인이 오기에 좋아야 한다. 퇴근 이후 가장 접근성이 좋은 공간을 고르다 보니 압구정을 택하게 됐다. 안국 아지트는 강북, 특히 광화문 일대에서 일하는 직장인을 주요 타깃으로 삼았다. 성수에는 다른 기업과의 협업을 통해 자리 잡긴 했지만, 잠실 등 서울 동쪽 지역의 수요를 잡을 수 있을 것으로 생각했다. 다음 지점을 낼 곳으로는 스타트업, IT 업계 종사자 등이 모여 있는 판교나, 교통이 편리한 강남과 홍대 등을 고려 중이다.

위: 창밖으로 야트막한 한옥이 펼쳐지는 안국 아지트
아래: 룸살롱의 흔적이 남아 있는 압구정 아지트에는 술병 대신 책이 가득하다

/ 압구정 아지트는 원래 룸살롱이었던 곳을 리모델링했다고 들었다.

압구정 아지트 건물 4층의 방 한 칸에서 사업을 시작했다. 건물 지하에 있던 룸살롱이 문을 닫으며 공간이 비었는데, 그곳의 구획이 모임을 하기에 아주 괜찮다는 생각이 들었다. 룸살롱도 어쨌든 살롱의 일종(?)이라고 볼 수 있으니까. 방도 나뉘어 있고, 메인 바도 갖춰져 있어 술 한잔 곁들이며 모임 혹은 뒤풀이를 진행하기에 좋을 것 같았다. 그래서 그곳을 인수한 뒤, 공간 구획은 유지하되 인테리어만 손봐서 모임 공간으로 바꿨다.

/ 공간만큼이나 눈에 띄는 것이 철저한 멤버십 제도다. 모두에게 열린 모임 대신 조금 더 폐쇄적인 멤버십을 운영하는 이유는 무엇인가.

회사 비전이 '세상을 더 지적으로, 사람들을 더 친하게'다. 그중 '친하게'란 가치를 충족하기 위해 멤버십을 운영한다. 멤버십 제도 개발 당시 사람들을 친하게 만들어주고 싶은데 몇 번을 만나는 것이 적당할지 고민했고, 적어도 한 달에 한 번씩 네 번은 봐야 친해질 수 있겠다는 결론을 내렸다. 같은 사람들끼리 가능한 자주 보게 해서 서로 쉽게 친해지도록 돕고 싶었다.

그렇지만 돈을 내고 멤버십에 가입했더라도, 규정에 따라 독후감을 제출하지 않으면 모임에 참석할 수 없다. 책을 읽은 상태에서 한 번 더 곱씹고, 자기 생각을 글로 표현해본 사람들이 모였을 때 우리가 바라는 시너지 효과가 날 것이라고 믿기 때문에 이런 규정을 만들었다.

/ '클럽' 이야기를 조금 더 해볼까 한다. 클럽 멤버 외에도 '클럽

> **장'이라는 이름으로 활동하는 이들이 있더라. 기업 대표, 유명 작가 등 이름만 들어도 알 만한 인물들인데, 클럽장의 역할은 무엇인가.**

정확한 비유인지는 모르겠지만, 독서 모임을 대학에 빗댔을 때 클럽장은 교수와 같은 역할이다. 한마디로 모임 진행을 주도하는 사람이다. 클럽장을 두는 이유는 두 가지다. 첫 번째로, 선하고 지혜로운 어른과 젊은이를 연결하고 싶었다. 그런 어른들을 아는 것이 일종의 사회적 자산이 될 수 있다고 본다. 하지만 젊은이들이 특별한 인연 없이 그들을 만나기란 쉽지 않다. 따라서 이런 자리를 마련하는 것이 사회적 자본을 상향 평준화하는 과정이라고 생각한다.

두 번째로, 세상에는 정답이 있는 문제가 꽤 많다. 과학, 주식 투자, 사회, 경제 같은 분야가 특히 그런데, 이런 주제에 대해 비전문가들끼리 이야기한다면 뜬구름 잡는 소리만 하게 될 위험이 있다고 생각했다. 그리고 대화 도중 어떤 문제를 만났을 때, 풀어줄 사람이 없으면 그 역시 어떤 갈증으로 이어질 수 있다. 이때 멘토 역할을 하는 사람이 바로 클럽장이다. 대표적으로는 김상헌 전 네이버 대표와 서울시립과학관 이정모 관장, 최근 〈알쓸신잡〉에 출연한 경희대 물리학과 김상욱 교수 등을 꼽을 수 있다. 경희대 후마니타스칼리지 조은아 교수와 천세희 배달의민족 전 총괄이사도 있고.

> **그런데 클럽장이 없는 클럽이 더 많더라. 멤버들이 자체적으로 운영과 진행을 해야 하니, 한 사람 한 사람의 역할이 더 중요할 것 같다.**

그렇다. 클럽장이 없는 클럽에서는 매번 멤버들끼리 돌아가면서 발제한다. 다음 달에 읽을 책 역시 돌아가며 정하는데, 이런 방식으로 진행하는 이유가 있다. 기본적으로 자신의 관심 분야와 관련된 클럽에 가입하기는 하지만, 돌아가면서 책을 추천하다 보면 자신이 읽지 않을 법한 책, 혹은 취향과 맞지 않는 책이 선정되기도 한다. 물론, 이렇게 되면 열 권 중에 여덟아홉 권은 읽었을 때 그리 만족하지 못할 확률이 높다. 하지만 그중에 한두 권 정도는 생각의 폭을 크게 넓히거나 새로운 취향을 발견하는 계기를 마련해줄 수 있다고 생각한다.

/ **독서 모임 외에도 북토크, 시음회, 스포츠 모임 등 다양한 이벤트가 있다.**

이벤트 기획만 전담하는 크루가 따로 있다. 우리는 이벤트 또한 멤버십의 혜택이자 서비스의 일부라고 생각한다. 이벤트를 하는 가장 큰 이유는 책이나 독서 모임 외에도 개인의 생각과 취향, 견문을 넓혀주는 요소가 다양하기 때문이다. 대표적인 이벤트로는 위스키 시음회가 있다. 위스키가 비싸고 어려운 술이라는 선입견이 있는지라, 지레 겁을 먹고 시도조차 하지 않는 경우가 많다. 이런 분들이 직접 위스키를 경험해보고, 자신에게 맞는지 스스로 판단해서 선택하면 좋겠다는 생각에 시음회를 기획했다. 위스키 외 다른 모든 분야에 관해서도 마찬가지다. 자신이 접해보지 못한 취향과 생각을 직접 체험해보고, 그중 마음에 드는 것을 고를 수 있도록 다양한 선택지를 제공해주는 것이 이벤트의 주된 목표다.

/ **트레바리를 '독서 모임 기반 커뮤니티 서비스'라고 정의한 기사를 봤는데, '커뮤니티 서비스'란 구체적으로 어떤 의미이고, 그 매력은 무엇인지 궁금하다.**

말 그대로 사람을 만나게 해주고, 서로 이어주는 서비스다. 페이스북

조금 더 지적이고, 조금 더 가까운 우리를 위해

또한 온라인 기반의 커뮤니티 서비스라 볼 수 있다. 우리는 오프라인에서 독서 모임에 구심점을 두고 사람과 사람을 이어주는 셈이다. 최근에 이런 커뮤니티 서비스가 점점 많아지고 있는데, 바람직하다고 생각한다. 우리가 처음 시작할 때만 해도 많은 사람이 돈 내고 독서 모임을 한다는 것을 이해하지 못했고, 남녀 간의 만남을 위해 모인다는 오해도 받았다. 이제는 커뮤니티 서비스 자체가 하나의 산업 영역으로 인식되기 시작한 것 같다.

책과 사람, 사람과 사람을 잇는 트레바리

이런 서비스들이 주목받기 시작한 것은 그들이 일상에서 채울 수 없는 외로움과 상실감을 채워주기 때문이 아닐까. 평소 우리는 '지금의 나'를 공유할 기회를 좀처럼 얻지 못한다. 그렇기 때문에 가족이나 친구 외에도 내가 지금 어느 분야에 관심이 있는지, 어떤 취향을 가졌는지 이야기 나눌 수 있는 일종의 '느슨한 연대'가 필요하다. 트레바리와 같은 서비스는 그런 수요를 만족시켜준다고 본다. 다만 인간관계를 다루는 일인 만큼 '어느 정도 개입할 것인가'에 대한 고민이 있다. 관계 형성에 얼마나 관여할지, 문제가 생겼을 때 어디까지 나서서 도울지 그 균형을 찾는 것이 가장 어려운 것 같다.

장기적으로 보았을 때, 트레바리의 지향점은 무엇인가.
트레바리는 팔리면 팔릴수록 세상에 도움이 되는 서비스다. 그래서 지금처럼 서울에서 지점을 늘려가는 것에서 한 발 더 나아가 지방, 가능하면 외국에도 아지트를 내고 싶다. 사업 영역 확장과 관련해서는 지금의 커뮤니티 서비스를 발전시켜 집단 상담 서비스를 해보려는 아이디어도 있다. 독서 모임을 통해 쌓은 경험을 바탕으로 집단 상담도 해낼 역량이 있다고 본다. 그 밖에도 육아 관련 서비스나 공간을 운영하는 것 또한 고려 중이다. 가정이 있는 분들, 특히 여성의 경우 아이가 생기면 독서 모임을 이어나가기가 쉽지 않다. 그래서 육아 서비스나 어린이집을 마련하면 좋겠다고 생각하고 있다. 법적인 부분이 복잡해서 실현할 수 있을지는 아직 잘 모르겠지만.

우리는 아주 대단한 것을 바라지 않는다. 트레바리를 통해 사람들이 조금이나마 책을 더 읽고, 자신을 성장시키는 기회를 가졌으면 한다. 평소 만날 수 없던 사람들을 만나 연대감을 느끼기도 하고. 결국에는 이곳을 찾는 모든 이가 외롭지 않았으면 한다.

정영훈
서울대학교 경영대를 졸업한 후 대기업에 입사했다. 해외 투자 관련 일을 하던 중 우연히 트레바리를 접하고 첫 시즌의 멤버가 되었다. 1년간 멤버로 활동하다 트레바리로 이직한 이후 더욱 완벽한 서비스를 만들기 위해 일하고 있다. 이 생경한 비즈니스가 어디까지 갈 수 있을지 항상 궁금하다.

조금 더 지적이고, 조금 더 가까운 우리를 위해

취향이라는 이름 아래, 우리는 평등하다

취향관 대표
고지현

200여 년 전, 프랑스 지식인과 예술가가 서로의 집에 모여 즐기던 사교 모임을 '살롱'이라 한다. 2018년 1월 합정동에 문을 연 회원제 사교 클럽 취향관은 그 시절의 살롱과 닮은 듯 닮지 않았다. 누군가의 가정집을 옮겨놓은 듯한 공간에 모여 커피 잔 혹은 술잔을 손에 든 채 이야기를 나누는 모습은 어느 영화의 한 장면을 연상시키기도 한다. 그러나 이곳에 모이는 사람들은 시대를 풍미하는 예술가나 작가가 아니라, 우리 주변에서 보통의 삶을 살아가는 이들이다. 나이와 직업을 떠나 취향이라는 이름 아래 평등한 이들의 대화는 느슨하고도 따뜻한 공동체를 완성하고, 나아가 이 시대의 새로운 살롱 문화를 만들어간다.

> 공간에는 운영자의 지향점이 담기기 마련이다. 취향관의 배경에는 어떤 니즈가 있었나.

대학 시절, 철학 동아리에서 밤새 술을 마시고 이야기를 나누면서 대화의 재미를 알게 됐다. 그런데 졸업 후 몇 년간 회사 생활을 하다 보니 어느 순간부터 나 자신이 굉장히 기능적인 존재가 되어간다는 생각이 들었다. 내가 어떤 일을 하는 사람인지, 어떤 회사에서 어떤 직책을 맡았는지, 이런 것들이 타인이 나와 시간을 보내는 이유가 돼가는 것 같았다. 나라는 사람에 대해 궁금해하는 사람이 없다고 느낄수록 점점 대화에 흥미를 잃어갔다. 2017년 5월, 회사를 그만두고 내 삶의 결핍을 채워줄 수 있는 일을 고민했고, 어떤 방식이든 간에 일단 좋은 사람들이 많이 모이는 자리를 만들어야겠다고 생각했다. 그렇게 시작한 것이 취향관이다.

가정집의 형태를 고스란히 간직한 취향관

커뮤니티를 만들기 위해서 고정된 공간이 필요하다고 생각한 이유가 있나.

물론 사람을 모으는 데 공간이 필수적인 것은 아니다. 최근에는 매번 장소를 바꾸어가며 이야기를 나누거나 함께 책을 읽는 형식의 모임이 많다. 하지만 나는 한층 더 자연스러운 만남과 목적 없는 대화를 원했고, 이를 위해서는 고정된 공간이 필요했다. 사회생활을 하다 보면 항상 목적을 갖고 이야기하게 된다. 누굴 만나든 어떤 주제를 미리 정해놓고 그에 대한 이야기만 하는 것이다. 이런 삶 속에서, 취향관이 자유롭고 주체적인 대화를 위한 하나의 안전장치가 되어줄 수 있으리라 생각했다.

> 취향관은 가정집과 카페, 바, 호텔 로비 등 기존의 공간들을 조금씩 닮았지만, 한마디로 정의하기는 어렵다. 공간을 만들 때 중점을 둔 부분이 있나.

취향관이라는 공간 자체가 하나의 콘텐츠라고 생각한다. 가장 큰 정체성은 살롱이다. 살롱은 원래 누군가의 가정집에서 열리던 조촐한 사교 모임이다. 이것을 우리 방식으로 해석해서 보여주는 것이 가장 큰 미션이었다. 취향관이 들어설 공간의 첫 번째 조건은 마당이 있는 단독 주택이었다. 사실 국내에서 사교 모임이나 살롱은 굉장히 낯선 문화다. 이런 생경한 경험을 갖고 싶도록 만들기 위해서는 가정집 형태가 적합하다고 판단했다. 또, 바깥세상에서 취향관으로 바로 들어오기보다는 두 세상 사이에 어떤 여정이 있었으면 좋겠다는 바람이 있어서 마당이 있는 공간을 고집했다. 조건에 맞는 집을 찾아 한 달 정도 헤매다가 마침내 만난 곳이 지금의 건물이다.

공간 내부에서 중점을 둔 부분은 바다. 일반적으로 가장 부담스럽지 않은 '낯선 사람과의 대화'는 바텐더와 바에 앉은 손님 사이의 대화라고 생각한다. 이들의 대화는 자연스럽게 연결됐다가 끊어지는 것을 반복한다. 바의 구조상 다른 이의 대화에 끼어들기도 비교적 수월하다. 이런 공간적인 경험이 대화를 조금 더 쉽게 해주는 장치가 돼줄 수 있다.

취향관 제공

위: 누군가의 거실을 옮겨 놓은 듯한 1층
아래: 바에서는 커피나 술 한잔을 곁들인 대화가 오간다

/ 초기 가오픈 기간에는 누구나 방문할 수 있는 공간이었지만,
정식 오픈 이후 100% 멤버십 체제로 전환했다.

처음부터 회원제여야만 한다는 생각이 있었다. 가오픈 기간 동안 손님들에게 이곳은 카페가 아니라 살롱이라고 열심히 설명해도 일행이 아닌 이와는 절대 이야기를 나누지 않더라. 낯선 사람과 대화하는 문화에 살고 있지 않으니 낭연한 일이었다. 자연스러운 대화를 끌어내기 위해

취향이라는 이름 아래, 우리는 평등하다

서는 100% 멤버십이라는 폐쇄적인 규정이 필요했다. 멤버십은 이 공간에 머무는 누구와도 대화할 의지가 있다는 일종의 합의다. 항상 서로를 편견 없는 타인으로 인식하고 존중하며 관심을 두는 대상으로 바라본다는 것. 그것이 취향관의 멤버가 되는 것의 의미라고 생각한다.

취향관의 살롱에서는 어떤 방식으로 경험과 대화가 이뤄지나.

사실 이곳에서 이뤄지는 모든 대화가 살롱의 일부라고 할 수 있겠지만, 하루에 두세 번, 열 명 이내의 멤버를 대상으로 프로그램 형태의 살롱이 열린다. 대개 취향관의 관점에서 선택한 사람들, 일명 '취향 메이커'를 초대해 그들의 취향에 대한 이야기를 듣고 대화를 나누는 형식이다. 그 밖에도 취향관 멤버들이 직접 살롱을 열 수 있도록 지원을 아끼지 않는다. 처음에는 모든 살롱 프로그램을 취향관이 제안하는 방식으로 운영했던 반면, 지금은 멤버들이 자발적으로 여는 것이 절반 정도 된다.

살롱의 주제는 먹는 것, 마시는 것 혹은 예술이나 철학까지 그 폭이 굉장히 넓다. 우리는 취향을 무언가를 좋아하고 싫어하는 기호일 뿐만 아니라, '어떤 방향으로 살아가고자 하는가'에 대한 지향점이라고 정의한다. 예를 들자면 '나의 언어로 커피를 마셔보자'는 주제로 커피 살롱을 연 적이 있다. 단순히 커피를 맛보는 자리가 아니라, 커피의 맛이 어떻게 느껴지는지를 나름의 방식으로 표현하는 살롱이었다. 참가자 중 한 사람은 커피에 대해서 "시골에 있는 할머니 댁 마당에 누워 햇빛을 쬐는 기분"이라고 표현하기도 했다. 한마디로 커피를 마시고 이야기를 나누는 과정에서 타인을 이해하고, 내가 살아가는 방식에 대해서도 생각해볼 수 있는 것이다. 다른 주제의 살롱도 마찬가지다.

/ 취향에 대한 다양한 관점과 이야기가 계간 《취향관》이란 잡지로 출판된다는 점 역시 인상적이다.

우리가 말하는 취향과 삶이 어떤 것인지 더 많은 사람과 나누고 싶다는 생각에서 출발했다. 독립된 편집부를 주축으로 제작하되, 멤버들은 그 제작 과정을 공유받고, 원하는 부분에 에디터 혹은 사진작가로 참여할 수 있다. 우리는 자신의 영감이나 취향 등을 드러낼 기회가 제한된 일상을 산다. 잡지 제작 과정에 멤버들이 각자 원하는 방식으로 참여할 수 있다면 그로 인한 아쉬움이 해소될 수 있으리라 생각했다. 또한, 누군가와 대화하는 것과 그 사람의 글이나 사진을 보는 것은 완전히 다른 경험이기 때문에 계간 《취향관》이 멤버들의 관계에도 긍정적인 영향을 줄 수 있다고 본다.

계간 《취향관》은 일상을 살아가는 여러 태도를 담아낸다

/ 결국 좋은 대화, 좋은 커뮤니티란 무엇일까?

사실 많은 사람이 이곳을 '누군가를 만나기 위해 오는 곳'이라고 여기

취향이라는 이름 아래, 우리는 평등하다

는 것 같다. 그렇지만 우리는 이 공간이 궁극적으로 자신을 찾기 위한 공간이라고 생각한다. 단순히 사적인 친분을 쌓는 것을 넘어, 타인과의 교류를 통해 자신이 놓치고 있던 삶의 방향성이나 취향을 탐색할 수 있도록 돕는 것이 우리의 역할이다.

같은 이유로 우리는 취향관에 오는 목적을 제안하지 않는다. '이렇게 좋은 사람들을 몇 명이나 만날 수 있다' 같은 것은 중요하지 않다. 관계조차 실용의 관점에서 접근하는 시대지만, 커리어에 도움이 되지 않아도, 사회적인 역할과 관련이 없어도 함께 이야기를 나눌 수 있는 관계의 필요성은 여전히 유효하다. 이곳에서는 스무 살 대학생도, 평범한 직장인도 영감의 대상이 될 수 있다. 그것이 우리가 지향하는 공동체의 모습이자, 이 시대에 걸맞은 살롱이라고 본다. 과거에 내로라하던 예술가들이 모이던 살롱과 달리 우리 시대의 살롱은 누구나 예술가가 될 수 있는 곳이다.

/ **최근 살롱 문화가 보편화됐다고는 하지만, 여전히 우리나라에는 낯선 사람과 이야기 나누는 것을 부담스러워하는 분위기가 있다. 이런 특성을 극복하는 것이 커다란 과제일 텐데.**

취향관 멤버 중에서도 처음부터 스스럼없이 대화를 시작하는 사람은 극소수다. 대화가 편해지기까지 평균적으로 한 달 정도의 시간이 필요한 것 같다. 운영하면서 가장 신경 쓰는 부분은 그 시간과 과정을 표준화하지 않는다는 것이다. 우리는 모든 것을 표준화하는 관습에 이미 익숙해져 있는데, 그것을 벗어나는 것이 굉장히 어려운 과제다. 시즌 초반에 오리엔테이션을 하고, 몇 주 후 조금 더 친해지는 시간을 갖는 식으로 단계를 밟아가는 것이 아니라, 각자가 편한 속도와 형태로 이곳에서의 경험을 충분히 즐겼으면 한다. 물론, 한 시즌이 석 달 단위로 운영되는 등 표준화된 부분이 분명히 있지만, 이곳에서의 경험만은 정형화되지 않도록 하는 것이 우리의 정책이자 목표다.

또 다른 공간에 대한 계획이 있나.

강남에 취향관 2호점을 내달라는 요청이 매우 많은데, 사실 강남에서 일하는 사람이 강남에 거주하는 경우는 드물다. 취향관은 공동체와 함께하는 일상을 지향하는데, 강남에 지점을 내면 퇴근길에 미션을 완수하는 형태가 될 것 같다는 우려가 있다.

콘텐츠와 관련해서는 우리가 가진 기존의 것을 어떻게 변주해나갈 것인가에 대해 고민 중이다. 취향관이 지금까지 해소해왔던 삶의 결핍이 있다면, 앞으로 해소할 수 있는 또 다른 결핍이 있으리라 생각한다. 만약 그것이 특정 그룹에 한정된 결핍이라면 그들만을 위한 취향관이 생길 수도 있을 것이다. 단순히 지금 많은 관심을 받고 있다고 해서 똑같은 형태의 취향관을 두 개, 세 개로 늘리는 것은 의미가 없다고 본다.

취향관은 어떤 미래를 그리고 있나.

우리가 살고 싶은 도시에 취향관이 하나씩 있는 미래를 꿈꾼다. 삶의 방향에 대해 함께 고민하고, 서로 영감을 줄 수 있는 타인의 범위가 상상 이상으로 넓어지는 것이 우리가 생각하는 가장 멋진 모습이다.

고지현

취향관의 안주인이자 계간 《취향관》의 발행인. 콘텐츠 기업 킷스튜디오의 대표로, 300만 구독자를 가진 유튜브 채널 '영국남자'의 디렉팅을 맡고 있기도 하다. 세상의 모든 취향은 존중받아 마땅하다고 생각하는 호기심 많은 취향 탐험가이자 술과 대화가 있는 시간을 사랑하는 실존주의자다. 담보되지 않은 인생의 커다란 성취를 좇기보다 일상의 주체적인 행복을 지향하며 디지털과 공간을 넘나드는 무경계 콘텐츠를 만든다.

취향이라는 이름 아래, 우리는 평등하다

모든 이야기가 빛나는 곳

안전가옥 대표 김홍익

지난 8월 성수동에 문을 연 안전가옥은 여러모로 눈길을 끄는 곳이다. 커다란 대문에 들어서면 억새밭이 펼쳐지고, 그 너머에는 아늑한 분위기를 지닌 서가와 카페가 숨어 있다. 다닥다닥 붙은 자동차 수리점 사이에 자리 잡은 낯섦조차 이 공간에 매력을 더한다. 그러나 김홍익 대표는 안전가옥의 주인공은 공간이 아닌 이야기임을 거듭 강조한다. 장르 문학 창작자들의 아지트로서 그 지붕 아래 수많은 이야기를 탄생시켜온 안전가옥. 이번엔 그들의 이야기를 들을 차례다.

최근 성수동에서 굉장히 주목받는 곳이다. '안전가옥'이라는 이름부터 무척 흥미로운데, 어떤 공간인지 간단히 소개해달라.

지나가던 어르신이 들어오셔서 과거에 일명 '안가'라고 불리던 곳들과 관련이 있느냐고 묻기도 한다. 그렇기도 하고 아니기도 하다. 안전가옥의 슬로건은 '모든 이야기들의 안식처'다. 이야기가 만들어지고, 그 이야기를 좋아하는 사람들이 모이는 공간을 지향한다. 장르 문학을 중심으로 다양한 형태의 콘텐츠를 만들어내기 위해서 이것저것 시도하고 있다.

라이브러리는 장르 문학 창작자와 독자 모두에게 열려 있다

안전가옥은 크게 라이브러리와 스튜디오로 나눌 수 있다. 각 공간의 용도와 특징은 무엇인가.

한마디로 라이브리리는 이야기가 머무는 공간이고, 스튜디오는 이야기가 만들어지는 공간이다. 라이브러리에는 장르 문학 서적 약 3,000권을 갖춰놓았고, 편안히 책을 읽거나 작업할 수 있는 자리를 함께 마련해뒀다. 스튜디오는 3층 규모의 건물로, 1층은 카페 겸 라운지이고 2, 3층은 글쓰기 워크숍을 하거나 입주 작가들이 집필하는 공간으로 활용하고 있다.

/ 그냥 문학이 아닌 장르 문학이라는 소재를 선택한 이유가 궁금하다. 장르 문학 창작자들을 위한 커뮤니티 공간이 필요하다고 판단했나.

사실 순서가 조금 바뀌었다. 장르 문학 창작자들에게 커뮤니티가 필요하기 때문에 안전가옥을 열었다기보다, 우리가 생각하는 창작 방식에 가장 잘 어울리는 분야가 장르 문학이었다. 장르 문학을 선택한 이유는 두 가지다. 먼저, 우리는 어떤 취향을 가졌는가에 따라 사람이 판단되지 않는 세상을 지향한다. 이를 표현하기 위해서는 가장 뚜렷한 취향을 다루는 것이 좋겠다고 생각했다. 두 번째로, 사업적 측면에서 보았을 때 장르 문학은 팬덤이 확실하고, 영상이나 웹툰, 공연 등 다른 콘텐츠로 확장하기 쉽다. 흔히 장르 문학에 대해 갖는 편견 중 하나는 하위문화 마니아, 흔히 말하는 '오타쿠'만 즐기는 문화라는 것이다. 물론 마니아들만의 문화가 있기는 하지만, 그렇지 않은 분야가 훨씬 많다. 예를 들어 글로벌 박스오피스 순위를 보면 대부분 장르물이다. 이처럼 대중적 매력을 지닌 원천 스토리로서 장르 문학의 특성에 주목했다.

/ 주요 타깃은 어떤 이들인가.

소비자 타깃과 창작자 타깃이 따로 있다. 소비자의 경우, 한마디로 이야기를 좋아하는 사람이라고 할 수 있다. 여기서 말하는 이야기는 책에 한정되는 것이 아니라 영화나 드라마 등을 포괄한다. 창작자 타깃은 매체를 불문하고 이야기를 만들 수 있는 사람이다. 경력은 그다지 중요하지 않지만, 기성 시스템에 덜 물든 사람이면 좋겠다.

이들에게 있어서 안전가옥의 역할은 무엇이라 생각하나.

우리는 창작자들에게 작업할 수 있는 인프라를 제공하고, 일종의 '페이스 메이커' 역할을 해줄 수 있다고 생각한다. 창작자들에게 바라는 점 또한 명확하다. 우리를 최대한 많이 괴롭혀주면 좋겠다. 새로운 아이디어나 영감을 나누고, 프로그램을 제안하기도 하며 함께 이야기를 만들어갔으면 한다.

오직 안전가옥에서만 보여줄 수 있는 콘텐츠는 무엇인가.

현재 두 번째 시즌을 진행 중인 호러 소설 창작 워크숍 '死주 死알롱'이 가장 안전가옥다운 콘텐츠가 아닐까 싶다. 이 프로그램은 4주 동안 참가자들이 각자 호러 단편 소설을 하나씩 쓰고, 마지막에 낭독회를 열어 자신이 쓴 소설에서 가장 무서운 대목을 낭독하는 방식으로 진행됐다. 행사 자체도 재미있었지만, 당시 프로그램에 참여했던 신인 작가 중 한 분을 발굴해 장편 소설을 함께 개발하는 계기가 되어 좋았다. 안전가옥에서 일어날 수 있는 일 중 가장 좋은 케이스라고 생각한다.

지난 8월에 진행한 스토리 공모전도 예로 들 수 있다. 일명 '남들은 한창 좋을 때라는데 정작 나는 뭐가 좋은지 하나도 모르겠어서 일단 끄적인 이야기를 내면 되는 공모전'으로, 1995년생 이하 젊은 창작자를 위한 프로그램이었다. 사실 기존의 커뮤니티 프로그램은 대부분 30대 초중반 정도의, 경제력을 어느 정도 갖춘 직장인을 타깃으로 한다. 하지만 우리는 해당 계층으로 타깃을 한정하고 싶지 않아서 프로그램이나 공모전을 조금 더 키치한 방향으로 기획한다.

국내 출판 시장이 위축되고 있다는 것은 명백한 사실이다. 그렇다면 사람들의 관심이 책 말고 어디에 있는지 고민하고, 길을 찾아가려는 노력이 필요하다고 생각한다. 앞서 말한 '남정일 공모전' 같은 경우가 그런 노력의 일환이다.

/ **이런 콘텐츠가 어떤 시너지 효과를 가져올 수 있다고 생각하나.**

우리나라 사람들이 소설을 안 읽는 것은 아닌데, 한국 작가의 소설은 잘 읽지 않는다. 특히 장르 문학 쪽에서는 더더욱 그렇다. 슈퍼스타급 작가가 아닌 이상 장르 문학 작가의 책은 잘 팔리지 않고, 책 관련 행사에서도 그들을 주목하지 않는다. 이런 상황에서 안전가옥의 프로그램이나 행사는 창작자들에게 '아, 저 사람도 나와 같은 과구나' 하는 연대감을 줄 수 있다.

덧붙여서, 우리의 최종 목표는 콘텐츠 개발이다. 그렇기 때문에 재능 있는 작가들을 만나는 것이 굉장히 중요한데, 이런 프로그램들이 작가들을 만나는 일종의 채널이 될 수 있다. 워크숍에서 같이 글쓰기를 하다가 신선하다 싶은 작가를 발굴해내기도 하고, 작가 살롱을 진행하면서 함께 이것저것 고민해보다가 협업하는 경우도 있다. 실제로 지금 작가들과 함께 몇 가지 장편, 단편 작품을 개발 중이다.

/ **얼마 전 『장르의 장르』라는 책을 내기도 했다. 안전가옥에서 하는 일 중 출판업의 비중이 큰 듯한데.**

제한된 자원 안에서 어떻게 하면 가장 효율적으로 콘텐츠를 만들어낼 수 있을지 고민했을 때 책이 가장 적합하다고 판단했다. 사실 책은 아무리 열심히 만들어도 기대만큼 팔기 어렵다. 하지만 출판은 외부의 자본

투자나 인력 없이 오롯이 우리 힘으로 이야기 콘텐츠를 발굴하고 가공할 수 있는 작업이다. 따라서 책이야말로 안전가옥이 자신 있게 내놓을 수 있는, 일종의 무기라고 생각한다.

안전가옥의 첫 번째 출판물 『장르의 장르』에는 장르 문학 작가 7인과의 대담이 담겨 있다

> 커뮤니티 공간을 운영하는 사람으로서, 살롱 문화가 트렌드로 떠오른 모습을 어떻게 생각하나.

의외의 이야기일 수도 있지만, 커뮤니티, 로컬, 살롱 등의 단어가 범람하는 것이 우리에게 오히려 약점이 될 수 있다고 생각한다. 그런 단어가 오남용되면서 사람들의 편견이 생기는 것 같아 커뮤니티 사업을 하는 입장에서는 이런 유행이 한계로 느껴질 때가 있다. 안전가옥은 한마디로 정의될 수 없는 사업이기 때문이다.

'커뮤니티'라 하면 흔히들 동네 사랑방 같은 끈끈한 공동체를 떠올리는 것 같다. 살롱 문화 또한 단순한 친목으로 이해하는 경우가 많은데, 안전가옥은 친해지기 위한 커뮤니티가 아니라 함께 일하기 위한 커뮤니티에 가깝다. 예를 들어 작가 살롱 같은 경우 조금은 프라이빗한 느낌이 있지만, 기본적으로 우리만의 모임이라기보다 모든 창작자에게 오픈된 행사를 지향한다.

> **지금까지 안전가옥은 커뮤니티보다는 공간적인 매력을 통해 주목받아왔다. 이에 대해 어떻게 생각하나.**

물론 안전가옥은 굉장히 신경 써서 만든 공간이고, 나름대로 자부심도 있다. 하지만 우리는 이 공간을 콘텐츠를 담아내는 그릇으로 규정한다. 콘텐츠라 하면, 안전가옥의 커뮤니티 프로그램과 우리가 직접 개발하는 장르 문학 콘텐츠를 의미한다. 공간 기반의 멤버십 제도를 축소하는 것도 그런 이유다. 2018년 2분기까지는 석 달 단위의 시즌 패스 멤버십을 유지하다가 얼마 전 기간 제한 없는 창작자 멤버십으로 통합했다. 멤버십은 안전가옥에 자주 오도록 만드는 장치로만 기능하게 하고, 그 자체를 콘텐츠화하려는 노력은 계속해서 줄여나갈 것이다.

> **그렇다면 안전가옥은 어떤 커뮤니티를 지향하는가.**

조금 거창하게 말하자면, 개인의 신내림에 의존하지 않는 집단 창작 혹은 시스템 기반의 창작을 시도하고, 그 결과물을 시장에 선보이는 오프라인 플랫폼이 되고자 한다. 올해는 여러 창작물 제작에 착수했으니 내년부터는 그 결과물이 쏟아져 나올 것이다. 나중에는 사람들이 '안전가옥에서 책도 만드네'가 아니라, '안전가옥에 공간도 있네'라고 생각해준다면 좋을 것 같다.

앞으로 점차 취향이 미세하게 쪼개지면서, 그들 사이의 경계가 희미해지리라 생각한다. 모든 취향이 충족되고 존중받을 수 있도록, 미래의 도시는 안전가옥과 같은 선택지가 무수히 많이 존재하는 곳이었으면 좋겠다.

김홍익

오만가지에 관심이 많고, 사소한 것들을 좋아하며, 무언가를 읽고 쓰려 노력한다. 삼성전자에서는 플랫폼 기획을, 카카오에서는 사업 기획과 전략을 차례로 배웠다. 다소간의 뉴스 의존증을 가진지라, 이를 해소하고자 2014년부터 외신을 큐레이션하고 번역하는 독립 미디어 '이바닥뉴우스'를 운영하고 있다. 2017년 호기롭게 이야기 창작자 커뮤니티 안전가옥을 창업했고, 스토리 콘텐츠를 만드는 새로운 시스템을 고민하며 하루하루 살아간다.

Insight

살롱의 중심에서 취향을 외치다

남의 집 프로젝트 문지기
김성용

개인적으로 살롱 문화의 실체는 모호하다고 생각한다. 남의 집 프로젝트가 살롱의 사례로 매체에 소개될 때마다 고개를 갸웃한 것도 사실이다. 그 정의와 범위를 딱 잘라 말할 수는 없으나, 사람을 모으는 일을 해오며 나름대로 느낀 살롱 트렌드의 속내에 관해 말해보려 한다.

살롱은 서로 모르는 사람들이 오프라인에서 다양한 형태로 모이는 현상을 일컫는 용어로, 19세기 프랑스의 사교 문화에서 차용한 개념이다. 불과 몇 년 전까지만 해도 각종 SNS를 통한 온라인 커뮤니티가 강세였다. 사용자들은 정보 전달 혹은 자기 표현 등의 목적으로 콘텐츠를 게시하며 소통해왔다. 그렇게 온라인에서 모이던 이들이 언제부터인가 오프라인 세상으로 나오기 시작했다. 이 새로운 트렌드의 기폭제가 된 것은 독립 서점의 등장이었다고 본다. 약 4~5년 전부터 주목받기 시작한 독립 서점은 책과 더불어 다양한 주제의 강연과 모임, 클래스 등을 선보였다. 서점에서 열리는 모임이다 보니 자연스레 인문학적인 주제를 다뤘고, 그간 온라인 커뮤니티에서 공유되던 콘텐츠와 결이 맞아 SNS를 통해 빠르게 확산됐다. 살롱 문화가 유행인 요즘도 여전히 독서 혹은 글쓰기와 연관된 모임이 가장 큰 관심을 받고, 또 보편적으로 알려져 있다. 그러나 남의 집 프로젝트를 비롯해 살롱이라는 이름으로 묶이는 수많은 모임을 살펴보면, 특정 분야에 목적과 소재를 한정할 수 없는 경우도 많다. 그렇다면 제각기 다른 형식과 내용의 커뮤니티를 관통하는 공통점은 무엇일까? 2년여간 남의 집 거실에서 다양한 모임을 개최한 경험에 비춰봤을 때, '취향'이야말로 낯선 이들을 잇는 매개체이자 살롱 문화의 정수라 하겠다.

이방인이기에 가능한, 느슨한 취향의 연대

지난 2년간 남의 집 프로젝트를 운영하면서 '문지기'라는 이름으로 나의 직책을 소개해왔다. 말 그대로 모임의 문을 여닫는 일을 해왔고, 장소는 생면부지 남의 집이었으며 대상은 낯선 이들이었다. 남의 집 프로젝트를 한마디로 정의하자면 '낯선 이들이 취향을 나누는 거실 여행 서비스'다. 각각의 모임은 취향을 공유하고자 하는 집주인이 거실을 공개하고, 낯선 이들이 놀러 가는 형식으로 진행된다.

처음부터 이러한 형태를 의도한 것은 아니었다. IT 회사에서 경력을 쌓으면서 사이드 프로젝트를 물색하던 중, 당시 살고 있던 연희동의 셰어하우스에 놀러 온 지인들이 '여기서 팝업 레스토랑을 열면 좋겠다'며 던진 농에서 아이디어를 얻어 거실 창업을 선언했다. 처음엔 직접 호스트가 돼 '남의 집 멘토링'이라는 이름으로 취업 준비생과 사회 초년생들의 고민을 들어주는 프로그램을 진행했고, 머지않아 주변 사람들을 설득해 그들의 집을 열게 했다. 호스트가 된 지인들은 비교적 부담 없이 꺼낼 수 있는 직무 관련 이야기를 화제로 삼곤 했다. 그러나 직무를 다루는 행사나 프로그램은 어디서나 쉽게 찾아볼 수 있었기에, 집에서는 조금 더 개인적이고 시시콜콜한 것들을 이야기해보고 싶다는 생각이 들었다. 이후 여행지에서 모은 자석과 그에 얽힌 이야기를 나누는 '남의 집 마그넷', 아침 시간을 즐기는 이들이 서로의 아침을 공유하는 '남의 집 아침', 다양한 동화책을 소장한 집주인이 어른을 위한 동화책을 소개해주는 '남의 집 동화책방', 고수를 좋아하는 이들이 모여 고수 요리를 맛보는 '남의 집 고수' 등 '뭐 저런 것까지 다루나' 싶을 정도로 다양한 주제의 모임이 생겨났다. 그렇게 2년간 100여 차례 '남의 집'이 열렸고, 이를 통해 본인의 집을 개방한 집주인이 90여 명이며, 남의 집에 놀러 간 손님은 600여 명에 이른다. 지역 범위 또한 서울, 경기뿐만 아니라 양평, 안동, 부산, 제주도까지 확장됐고 최근에는 싱가포르, 상하이 등 해외에서도 모임이 열려 글로벌 서비스라 우겨볼 수 있는 경지에 이르렀다. 딴짓으로 시작한 사이드 프로젝트를 업으로 삼는 결단을 내린 이유는 취향 공유에 대한 대중의 꿈틀거리는 열망을 엿봤기 때문이다.

그렇다면 취향이란 무엇인가? 바로 '오롯이 현재의 나를 말해줄 수 있는 무언가'다. 취향은 항시 변하고, 그로 인해 대다수의 사람은 본인의 취향을 모른다. 일상 속에서 취향을 돌볼 여유가 없는 것도 사실이다. 그러나 지금 내가 관심을 두고 있는 것에 대해 대화를 나누고, 공감받고 싶은 욕구는 분명 존재한다. 이는 가족, 친구, 연인과의 긴밀한 관계 속에서도 완벽하게 해소되지 않는다. 관계를 시작할 때의 나와 현재의 내가 영원히 동일 선상에 놓일 수 없기 때문이다. 취향을 기반으로 한 커뮤니티가 각광받는 이유는 여기에 있다. 내가 좋아하는 것들의 총체를 취향이라고 한다면, 그만큼 지금의 나를 표현하기 좋은 소재도 없다. 인스타그램에서 관심사 기반의 해시태그로 묶인 이방인을 팔로우하고 그들의 글과 사진에 하트를 보내며 공감하듯, 오프라인에서도 공통된 취향을 마중물 삼아 사람이 모이고 관계가 형성된다.

남의 집 프로젝트 제공

'남의 집 동화책방' 현장

    익명성과 단발성이라는 조건 아래 모인 낯선 이들의 대화는 되레 깊은 맛이 있다. 우선 다른 조건 없이 취향이라는 공통점을 바탕으로 만난 이들 사이에는 권력 관계가 없어 누구나 대화를 이끌 수 있다. 또한, 오늘이 지나면 보지 않을 사람이라는 사실이 자유로운 대화를 가능하게 한다. 이러한 관계를 두고 '느슨한 관계'라고 칭하는데, 역설적이게도 우리는 각종 과거와 사회적 역학으로 얽히고설킨 관계보다 생면부지 타인과의 관계 속에서 쉽게 현재의 나를 내보인다. 타인과의 느슨한 관계에서 발견한 자신의 모습에 집중할수록 취향은 공고해진다. 살롱의 핵심은 그렇게 '느슨한 취향의 연대'를 맺어주는 데 있다.

살롱의 중심에서 취향을 외치다

개인의 취향에서 시작되는 거실 여행

다시 남의 집 프로젝트 이야기로 돌아와보자. 앞서 언급한 '낯선 이들이 취향을 나누는 거실 여행 서비스'라는 정의처럼, 남의 집 프로젝트는 새로운 형태의 여행 콘텐츠를 제시하고자 한다. 여행의 여러 동기 중에는 일상에서 벗어나고자 하는 욕구가 있다. 즉, 우리는 처음 방문하는 곳에서 낯선 이들에게 둘러싸이는 이방인의 경험을 좇아 여행을 꿈꾼다. 이때 시간과 비용을 들여 멀리 떠나는 대신 남의 집 거실로 여행을 간다면 어떨까? 남의 집 거실은 미지의 공간이며, 돈을 주고도 들어갈 수 없는 곳이다. 남의 집 프로젝트를 통해 그 공간이 잠시나마 열리고, 그곳에는 나와 취향이 맞는 타인이 함께한다. 해외 여행만큼의 만족을 줄 수는 없겠으나, '가심비'■ 높은 경험이 될 수 있다는 것만큼은 분명하다. 그리고 이와 마찬가지로, 여타 취향 기반의 모임 또한 다양한 콘텐츠로 확장되고 재해석될 무궁무진한 가능성을 품고 있다.

현재 트렌드의 중심에 선 커뮤니티 서비스 및 공간, 사교 모임 등은 나름의 방식으로 살롱 문화를 구축해간다. 각각 주제와 형식은 다르지만, 결국 모두 취향을 모으고 공유하고자 하는 현대인의 갈망에 기반한다. 취향을 통해 현재의 나를 마주하려는 이들의 시도가 오래도록 이어지기를 바란다.

■ **가심비** '가격 대비 심리적 만족도'를 뜻하는 신조어로 밀레니얼의 소비 성향을 대표하는 단어.

김성용

서강대학교 신문방송학과를 졸업했다. 대학 시절 1년 넘게 25개국을 배낭 여행하며 『어학연수 때려치우고 세계를 품다』라는 여행책을 냈다. 이후 카카오에서 5년여간 IT 문과생으로 일하며 사업 개발, 제휴, 마케팅 등을 담당했다. 지금은 남의 집 프로젝트를 창업해서 '남의 집 문지기'라는 직함의 명함을 들고 다닌다. 남의 집 프로젝트의 경험을 바탕으로 새로운 책을 준비 중이다.

살롱의 중심에서 취향을 외치다

Part 6.

로컬 미디어

에디터
박혜주, 소보윤

사람들 사이를 유영하는 이야기는, 활자로 정리될 때 비로소 유의미한 정보가 되곤 한다. 로컬의 이야기도 마찬가지다. 로컬 매거진은 지역민들 사이에서 공공연하게 오갔던 이야기와 라이프스타일, 지역의 색깔을 가진 공간 등을 모으고 정리해 지면에 싣는다. 이에 대하여 창작자들은 '지역 색을 선명히 하는 일', 혹은 '정체성을 공고히 하는 일'이라 말한다. 이 작업이 선행돼야만 모인 이야기를 구심점 삼아 지역의 다양한 활동을 이어갈 수 있다.

지역이 쌓아온 일상의 가치

《리얼제주 매거진 iiin》 대표
고선영

누군가의 여행지는 다른 누군가가 일상을 가꾸는 터전이기도 하다. 관광객 혹은 주민. 자신이 어떤 위치에 서 있느냐에 따라 같은 지역에 발을 딛고 있어도 다른 모습을 보기 마련이다. 파란 바다, 푸르른 숲 그리고 예쁜 카페와 맛집 등 모두가 관광지로서의 제주도를 조명하던 2014년, 콘텐츠 그룹 재주상회의 고선영 대표는 《리얼제주 매거진 iiin》을 통해 이 지역의 삶을 담기 시작했다. "아무도 하지 않아 자신이 만들 수밖에 없었다"던 잡지 속에 담긴 섬의 일상은 이제 지면을 넘어 상품과 공간으로 구현되고 있다.

> 2010년 제주도에 내려가, 2014년 봄에 첫 호를 발행했다. 모두가 종이 매체의 종말을 이야기하며 말렸고 본인 또한 제작 이전까지 고민했다고. 그런데도 첫 호는 성공했다.

제주에 정착하기 이전부터 오랜 기간 여행 기자로 일한 경험 덕분에 이곳에 콘텐츠가 많다는 것은 알고 있었다. 그러나 수많은 매체가 폐간되는 것을 봤기에 선뜻 나서기가 어려웠다. 이 지역의 콘텐츠를 누군가 알리면 좋을 것 같은데, 아무도 하지 않아 오랜 고민 끝에 시작했다. 당시 1만 부를 인쇄해 5,000부는 전국 배포 잡지 유통사에 맡기고 5,000부는 도내에서 소비하고자 했다. 그때는 지방 서점이 별로 없던 시기였는데, 2013년 통계를 보면 제주도에 서점은 34곳뿐이었다. 이 중에서도 대부분이 중고등학교 근처에서 학습지를 주로 팔았다. 그런 상황에서 서점이 아니더라도 사람들이 모이는 곳에서 책을 판매할 수 있는 새로운 유통 방식을 고민했고, 게스트하우스와 카페를 생각해냈다. 지금은 카페에서 굿즈나 서적 등을 판매하는 것이 흔하지만 당시만 해도 그런 경우가 없었다. 결국 아는 친구의 카페와 게스트하우스를 포함해 총 여섯 곳에서 판매를 시작했다. 가장 먼저 조천에 있는 작은 게스트하우스에 스무 권을 두고 제주시에 있는 카페에 책을 가져다주러 가고 있는데 전화가 왔다. 그 짧은 시간에 스무 권이 다 팔렸다고. SNS에 제주를 소재로 한 잡지가 생겼다고 알렸더니 사람들이 달려와서 샀다고 하더라. 아무도 말은 하지 않았지만, 다들 이런 잡지가 나오길 기다렸던 것 같다. 시기가 좋았다.

> 당시는 제주도가 관광지로 엄청난 주목을 받던 시기라, 수많은 미디어에서 관련 콘텐츠를 쏟아내지 않았나.

대부분의 매체가 카페, 맛집, 명소 등 트렌드에 집중했다. 그러나 우리는 '살아보는 여행'이란 콘셉트로 제주 사람들의 이야기를 다뤘다. 일부러 다른 미디어와 차별화되고자 노력했다기보다 직접 살다 보니 이곳만의 독특한 일상을 발견할 수 있었고, 이에 흥미를 느꼈기 때문이었다. 예를 들어 2010년 처음 자리 잡은 대평리라는 마을에는 당시 편의점 하나 없었는데, 모든 마을 소식이 삼거리슈퍼란 곳에 모였다. 마을 주민들은 물건을 사러 가기보다는 동네 소식을 들으러 이곳에 들렀다. 심지어 어디에 집이 나오고 팔렸는지 이곳에 와야 알 수 있을 정도였다. 창간호 주제였던 고사리 특집 또한 여기서 정보를 얻었다. 봄이 되면 마을에서 사람을 보기 힘든 이유가 모두 고사리를 따러 가기 때문이라고 슈퍼 주인이 알려주더라. 이와 같이 제주만이 가지고 있는 문화와 이야기를 잡지에 담고자 했다. 하루 이틀 머물고 갈 여행자의 시선이 아닌 거주민으로서 우리가 알게 된 이야기를 사람들에게 흥미롭게 전달한다.

지역의 일상을 지면에 모으자 하나의 작품이 됐다

/ **마침 창간 당시에는 한 달 살기 여행이 유행하기 시작했다.**
잡지가 추구하는 방향과 여행 트렌드가 잘 맞았다. 우리는 단순히 관광지를 여행하러 온 사람보다 제주에 살고 싶거나 이곳의 삶에 관심 있는 사람이 좋아할 만한 콘텐츠를 다루기 때문이다. 그러나 결국 한 달 살기 또한 흘러가는 트렌드일 뿐이다. 그 여파로 생긴 게스트하우스나 카페 등이 요즘 어려운 이유다. 유행은 지나가기 마련이고, 한 번에 생긴 것은 한 번에 사라지기 쉽다. 그렇기에 우리는 더욱 지역이 본래 가지고 있는 것에 집중하려고 노력한다.

> 제주의 이야기를 취재하고 알리며 지역에 일조한 부분도 있을 것 같다.

지역 잡지는 아카이빙 자체로 의미가 있다. 특히 우리가 매체를 통해 전하는 내용은 대부분 구전으로 내려오는 이야기다. 이와 관련된 연구 자료, 서적, 녹음 자료 등이 있긴 하지만, 재미가 없으니 대중은 보지 않는다. 이를 재가공해 흥미롭게 읽을 수 있도록 제공하는 것만으로도 의미가 있다. 예를 들어 이번 가을호 주제는 '사라지는 제주어'였다. 제주어는 구전으로만 남아 있는 고어에 가까운 언어다. 우리는 단순하게 '소멸 위기의 언어를 지킵시다'라는 문장을 쓰는 대신 사람들이 직접 제주어를 만나고 이미지로 기억할 수 있도록 콘텐츠를 제작했다. 실제로 독자들이 제주어가 얼마나 예쁘고 재미있는지 스스로 느낄 수 있도록 말이다. 우리는 로컬 콘텐츠가 만드는 사람, 소비하는 사람, 기반 지역 모두에게 긍정적인 역할을 끼쳐야 한다고 생각한다. 많은 크리에이터가 공공성과 수익성은 양립할 수 없다고 생각하지만, 로컬 콘텐츠 영역에서는 그렇지 않다. 당장은 눈앞의 수익이 다르니 그렇게 보일 수도 있으나 장기적으로 봤을 때는 공공의 가치를 위하는 일이야말로 수익에 도움이 되는 일이다. 로컬에 좋은 영향을 줘야 결과적으로 그곳에 사는 우리에게로 영향이 돌아오기 때문이다.

> 2018년 가을호 표지는 화제의 중심이었던 비자림로 사진을 실

었다. 지역사회의 공공 가치를 위해 행한 일이었다.

그동안 우리 잡지는 제주도에서 사회적인 이슈로 떠오르는 문제를 다룬 적이 없었다. 우리가 다루지 않더라도 많은 매체에서 다루고 있기 때문에 굳이 이야기하지 않았다. 비자림로는 한때 이슈가 됐으나, 아직도 논란의 여지가 많다. 어느 지역이든 개발과 보존 사이의 갈등이 존재한다. 비자림로도 마찬가지다. 이곳은 아름다운 자연으로 바라보면 지켜야 할 존재이고, 일상생활 속 출퇴근길로 바라보면 종종 렌터카로 꽉 막히는 좁은 길이 된다. 천혜의 자연은 보전해야 하지만, 일상 속에서 불편함을 겪는 이들의 고충 또한 무시할 수 없다. 직접 경험한 것이 아닌 이상 그 마음을 모르기에 함부로 어떤 가치가 중요하다고 이야기할 수 없다. 결국 입장의 차이라, 한 입장만을 맹렬히 비판하기는 어렵다. 그렇기에 우리는 한쪽에 서지 않는다. 그저 지역의 상황을 보여줄 뿐이다.

대표적인 지역 잡지로서 조심스러운 부분도 있고, 부담감이 따르기도 할 것 같다.

부담도 크고 책임감도 크다. 최근에는 우리가 잘해야 다음이 있을 수 있다고 생각한다. 현재 유료로 전국 유통되는 지역 잡지는 《리얼제주 매거진 iiin》이 유일하다고 알고 있다. 이런 상황에서 우리가 망하면 '지역 잡지는 안 된다'라는 인식이 생기지 않겠나. 우리가 잘해야 또 다른 지역에서 콘텐츠를 만들어내는 사람에게 용기를 주고 본보기가 될 수 있다. 또한 모든 지역에 지역 잡지가 있어야 한다고 생각한다. 그래야 지역성이 사라지지 않기 때문이다. 콘텐츠가 없는 지역은 소멸하게 돼 있다. 얼마나 매력적인 콘텐츠로 사람들을 모을 수 있는가가 곧 로컬의 경쟁력이다. 예전에는 제주 외에 부산 정도만 잡지를 지속해서 만들 수 있다고 생각했는데, 지금은 상황이 다르다. 강릉, 양양, 목포 등 다양한 지역이 주목받고 있다. 잡지가 이런 추세를 이어가는 구심점이 돼줄 수 있을 것이다.

/ **현재 독립 출판 등 다양한 방식으로 지역 잡지가 제작되고 있는 현상을 어떻게 바라보나.**

사실 다양하게 제작되고 있는 현상보다 제작자의 마음가짐이 더욱 중요하다고 생각한다. 제작자가 자신이 만든 미디어의 목적과 방향이 무엇인지 확고하게 인지하고 있어야 한다. 현재 지역 잡지 제작자들이 어떤 마음으로 임하는지 모르기에 섣불리 판단할 수는 없다. 그러나 잡지 제작을 지속하기 위해서는 당장 앞에 있는 수익보다 자신이 제작하는 콘텐츠의 방향과 가치를 믿고, 이를 통해 수익성이 높은 콘텐츠를 만들어 잡지 자체만으로 자립해야 한다.

/ **재주상회는 잡지를 통해 자립해 편집숍 인스토어, 디자인 브랜드 수윔제주 등 공간, 굿즈 영역까지 사업 확장을 이뤘다.**

잡지를 통해 모은 콘텐츠가 있었기에 가능했다. 육지와 다른 이곳만의 식문화를 취재했던 경험을 바탕으로 로컬 메뉴를 개발하고, 계절마다 제주의 모습을 담다 보니, 각 계절의 색을 반영한 크레용 등을 굿즈로 제작할 수 있었다. 다시 말해 잡지는 우리 사업의 기본이며 시작이다. 결국 공간, 상품, 잡지 등 우리가 콘텐츠를 만드는 목적은 더 많은 사람이 진짜 제주를 만날 수 있도록 하는 것이다. 유명한 카페, 맛있는 음식점도 좋지만 그 속에 이 지역이 담겨 있을 수도, 없을 수도 있다. 지역의 이야기가 담겨 있지 않은 공간의 콘텐츠를 제주의 것으로 생각하지 않았으면 좋겠다.

/ 앞으로 계획은?

구체적인 계획은 없다. 지금까지 해온 일들 또한 자연스럽게 일어난 일이지 구체적인 계획을 세워 진행한 것은 아니다. 우리는 앞으로도 좋은 로컬 콘텐츠를 발견하고 예쁘게 재가공해 전달하는 데 힘쓸 예정이다. 그 자체가 로컬의 정체성을 찾아가는 일이라고 생각한다.

고선영

서울에서 오랫동안 매거진 에디터로 일했고, 7년 전 제주에 정착해 몇 권의 책을 쓴 후 동네 친구들과 함께 2014년 제주의 이야기를 담은 《리얼제주 매거진 iiin》을 창간했다. 제주에서 활동하는 다양한 장르의 청년 작가와 함께 콘텐츠의 확장성을 실험하고 로컬 콘텐츠의 가치를 알리는 동시에 비즈니스로 연결하는 일을 하고 있다. 인스토어 탑동과 인스토어 중문 등 콘텐츠와 독자가 직접 만나는 오프라인 공간을 기획하고 운영한다. 제주의 자연과 문화, 사람과 라이프스타일을 아카이빙하고 디자인하며 콘텐츠화함으로써, 궁극적으로는 누구나 공감할 수 있는 '제주 스타일'을 만들고 찾아내는 것에 몰두한다.

위: 블록 모양 크레용에 담은 제주의 사계
아래: 지난가을, 제주상회는 어반플레이와 함께 사계리에 로컬 여행자를 위한 콘텐츠 저장소 사계생활을 오픈하며 또 다른 시작을 알렸다

종이에 새긴 동네의 10년

《스트리트H》 편집장
정지연

'홍대앞'으로 불리는 서교동 일대는 하나의 수식어로 표현하기 어려운 동네다. 심지어 그 범위가 어디까지인지에 관해서도 의견이 분분하다. 홍대입구역 주변에서 시작한 상권은 최근 연남동과 합정동, 연희동까지 뻗어가고 있으며, 몇 년 새 새로운 건물이 세워졌다가 사라지고, 하루에도 많은 상점이 시작과 끝을 알리기 때문이다. 이처럼 속절없이 흘러가는 홍대의 시간을 10년 동안 차곡차곡 담아낸 매체 《스트리트H》의 정지연 편집장을 만났다. 급격하게 변화하는 동네 속에서 그녀는 한결같이 자신의 역할을 고민한다.

> '홍대앞 동네 잡지'란 슬로건으로 2009년에 시작했다. 당시에는 하나의 동네를 주제로 잡지를 만든다는 것이 생소했을 텐데, 어떻게 로컬에 집중하게 됐나.

2007년부터 2008년까지 뉴욕에 머무를 기회가 있었고, 이때 얻은 경험에 많은 영향을 받았다. 당시 시간적 여유가 많아 이곳저곳을 돌아다니고 싶어 정보를 찾았고, 《Timeout Newyork》, 《L 매거진》 등 뉴욕에 관해 다룬 잡지에서 도움을 많이 받았다. 귀국한 이후에도 뉴욕에서처럼 일상 여행자로 살고 싶었는데 지역 안내서가 전혀 없더라. 당시 한국에 돌아오자마자 뉴욕과 홍대의 카페를 주제로 한 단행본을 준비하게 됐는데, 뉴욕은 내가 잡지를 들고 직접 돌아다니면서 쌓은 데이터가 있었지만, 홍대에 대한 자료는 없었다. 이렇게 큰 예술 지구를 기록한 자료 하나 없다는 것이 이상해 직접 만들어보기로 결심했다. 나는 에디터 출신이고 같이 일하던 장성환 발행인이 아트 디렉터라 가능한 일이었다.

> 아무리 홍대에 오래 살았다고 해도 동네 자체에 매력이 없었으면 불가능했을 것 같다. 홍대에 문화 예술 콘텐츠가 집결한 이유는 무엇일까?

이 지역은 선국에서 손꼽는 미술 대학이 있는 예술 지구이고, 출판사가 많은 출판 지구이자 디자인 사무실이 모인 디자인 지구이다. 또 홍대하면 인디 음악과 카페를 빼놓을 수 없다. 다양한 색깔을 가진 문화 콘텐츠가 이처럼 층층이 쌓여 있는 동네는 우리나라에 이곳밖에 없다. 원래 서교동은 굉장히 오래된 주택가였다. 그런데 1972년, 홍익대학교가 산업미술대학원을 신설했고, 1980년대에 정부의 지원 아래 미술대학 특성화 정책이 시행되면서 이 주변에는 '미술학원 거리'와 화방, 공방, 갤러리, 미술 전문 서점 등 예술 관련 상권이 형성됐다. 또한 작업의 성격상 큰 공간이 필요한 미대생들이 서교동의 반지하, 차고, 창고 등을 임대해 작업실로 썼고, 미대생뿐만 아니라 예술가 집단이 이곳에 모여들면서 그들만의 아지트가 됐다. 이들은 끈끈한 네트워크를 형성했고, 이 문화를 상업적인 공간으로 확장했다. 상수도, 발전소, 언더그라운드 등의 클럽이 그 예다.

또 인쇄 골목이었던 종로, 을지로에 몰려 있던 출판사 중 상당수가 1980년대에 홍대, 마포 근처로 이전했다. 1990년대 중반만 해도 양대 출판사라 할 창작과비평사와 문학과지성사 모두 이쪽에 있었다. 일산 장항동의 인쇄 단지와도 가깝고, 대형 서점이 있는 도심과도 멀지 않으며 디자인 스튜디오가 밀집해 있어, 출판사들이 많을 수밖에 없었다. 홍대의 창의적인 분위기는 문인들과 만나고 교류하기에도 적당했다. 이처럼 모든 문화 산업이 지역 내에서 대부분 연결돼 있다.

《스트리트H》를 보면 홍대 지역의 소식을 알 수 있다

이처럼 방대한 이야기에서 콘텐츠를 선별하는 기준이 있나.

홍대의 큰 변화 중 하나는 권역이 넓어졌다는 것이다. 초창기에는 콘텐츠의 기준을 지역으로 고정하기가 쉬웠다. 홍대앞이라고 해도 대부분 서교동, 동교동, 멀어봐야 연남동 일부 정도에 그쳤기 때문이다. 그런데 이제는 홍대 권역이 연희동까지 확장되는 추세다. 행정 구역으로 봤을 때 연희동은 서대문구에 속해 있다. 다른 한편으로는 상수에서 대흥, 광흥창까지도 넓어지고 있다. 이처럼 홍대라는 지역의 색깔을 입은 공간들이 다른 지역으로 넘어갔을 때, 어디까지 홍대라고 할 수 있을지 고민한다. 그렇다고 행정 구역만으로 취재 범위를 좁히기도 어렵다. 이들이 홍대앞을 떠나는 이유는 공간 자체의 정체성을 바꾸기 위해서가 아니라 젠트리피케이션 때문이니까. 그렇기에 홍대 색깔과 맞는 공간이라면 되도록 넓게 보고 담으려고 한다. 또한 프랜차이즈나 지역에 대한 고민 없이 그저 상업적 성공을 위해 이곳에 온 이들이라면 굳이 지면을 주지 않는 노력도 하고 있다. 우리는 사람이 공간을 만들고, 공간이 지역을 만든다고 생각한다. 그렇기에 공간을 만드는 사람을 단순히 자영업자로 정의하기보다는 취향 생산자로 본다. 자신만의 취향으로 지역을 채우고, 또 지역과 어우러져 지역의 정체성을 만드는 공간. 이런 역할을 하는 공간인지, 이와 관련된 이야기인지가 기준이 되는 셈이다.

／로컬 매거진은 젠트리피케이션에 영향을 준다는 비난을 듣곤 한다. 이에 관해 어떻게 생각하나.

본의 아니게 젠트리파이어가 된 것 같은 느낌을 받을 때도 있다. 5주년 기념으로 연남동 특집호를 기획했고, 7주년 특집은 망원동을 주제로 했다. 두 곳 다 주목받기 시작할 때 보기 좋게 정리해서 소개한 셈이 됐다. 독자들에게 좋은 동네와 공간을 소개하고 싶어서 기획했지만, 결과적으로 이득을 얻은 사람들은 예상과 달리 딱 두 부류가 나오더라. 첫 번째는 기획 부동산업자들. 그들에게 이 동네가 곧 뜬다는 것을 잡지로 알려준 셈이 됐다. 두 번째는 대중 매체다. 가끔 우스갯소리로 유명 맛집 프로그램 작가가 우리 잡지 애독자라고 말할 정도로 우리가 다룬 공간이 자주 TV 프로그램에 언급되며 농네에 변화를 일으켰다. 이처럼 뜨는 동네라 불리는 곳을 잘 포장해서 소개하는 일은 젠트리피케이션에 어느 정도 영향을 줄 수 있다. 그러나 그것을 억제할 수 있는 수단은 사실 없다. 세계 모든 문화 도시가 공통적으로 겪고 있는 문제다.

많은 방문객이 누비는 상권으로 변화한 연남동

그렇다면 지금 상황에서 로컬 미디어의 역할은 무엇일까?

로컬 미디어마다 개성이 각각 있고 자임하는 역할이 다르다. '마포FM'의 경우 라디오라서 그런지 조금 더 이슈에 빠르게 반응하는 편이다. 물론 우리가 지역 사회의 이슈에 빠르게 반응하는 매체가 되길 바라는 사람들도 있다. 그러나 아직은 동네의 소소한 이야기와 로컬숍, 로컬 사람들에 집중하고 싶다. 우리는 그것을 좋아하고 잘 해왔으니까. 동네를 꾸준히 기록하는 것 자체가 우리의 역할이라 생각한다. 사람들은 자신이 몸담고 있는 동네에 굉장히 무감하다. 지나치며 매일 봤던 카페가 사라져도 한두 달만 지나면 이곳에 무엇이 있었는지도 잊어버린다. 고작 가게 하나 기억 못 하는 것이 뭐가 대수냐고 할 수 있겠지만, 우리는 존재 정보가 중요하다고 생각한다. 이 공간이, 이 동네가 어떻게 변화했는지 상기하고 지면으로 알리는 것이 누군가에게 큰 의미가 있을 수 있으며, 동시에 동네 상권을 이해하는 척도가 된다.

10년 동안 꾸준히 잡지를 만들어왔다. 심지어 무가지로 발행했다. 앞으로의 10년은 어떨까?

다양한 고민을 하고 있다. 처음에 무가지로 만들기로 한 것은 광고에 대한 저항감 때문이었다. 작은 쿠폰 광고들이 우리가 만드는 콘텐츠에 개입하는 것이 싫어서, 일종의 자체 프로젝트라고 생각하고 지속해왔다. 유가지로 전환해볼까도 고민했는데, 단일 지역을 다루는 것은 도리어 콘텐츠 시장에서 상업성이 떨어진다는 이야기도 들었다. 또 무료였다가 유료로 전환할 때 독자가 느끼는 저항감도 고려해야 했다. 최근엔 로컬에 대한 관심이 커지고 있어 타깃 출판이 가능하겠다는 생각이 든다. 게다가 10년이란 시간 동안 만들어온 이들이 지치기도 했고, 콘텐츠가 동어반복적이지 않으냐는 고민도 하게 됐다. 광고가 없는 무가지이다 보니 경제적인 부담도 있다. 2019년이 10주년인데 격월호 제작, 유가 잡지로의 전환, 단행본 형식 제작 등 다양한 방면으로 고민 중이다. 아직 결정된 것은 없다.

앞으로 로컬 산업과 로컬 잡지의 전망은 어떠한가.

2016년에 오랜만에 뉴욕을 찾았는데 옛날과 너무 다르더라. 곳곳에 거대한 고층 빌딩이 세워졌고, SPA 브랜드가 대로를 장악했다. 그 모습이 서울과 크게 다를 것이 없다는 생각이 들었다. 이처럼 대도시들의 외면이 비슷해졌지만, 사람들의 취향은 더 작고 세밀해진 것 같다. 그렇기 때문에 각지의 취향에 맞는 로컬을 찾고 싶은 욕구가 더 커지는 것이 아닐까. 사람들은 인터넷을 통해 본인이 가고 싶어 하는 지역을 직접 선택하고, 그곳과 연결되고자 한다. 그러나 로컬 자체에 가치를 두고, 이를 알리고 보존하려는 사람보다 이를 통해 이득을 얻으려는 사람이 많은 것은 여전히 문제다. 이는 로컬 상권의 성장을 넘어 과도한 임대료 상승 등의 문제를 야기해 로컬 이야기를 지면으로 전하는 사람을 딜레마에 빠지게 한다. 상업화 속에서 이곳의 많은 문화 생산자와 취향 생산자가 로컬의 가치를 지키면서 오래 버틸 수 있을까 고민스럽다.

다양한 사람이 다양한 형식으로 로컬 잡지를 만들고 있다. 모든 지역마다 잡지가 있을 필요는 없지만, 로컬의 이야기를 담아내는 미디어는 존재만으로도 의미가 있다고 본다. 그 역할은 지역의 색깔을 좀 더 선명하게 하는 것이다. 로컬이 추구하는 가치를 좀 더 분명하게 큐레이션해 소개함으로써 해당 지역에 대해 유사한 취향과 생각, 가치관을 가진 사람들을 연결하는 역할을 한다고 믿는다. 매체 하나가 젠트리피케이션과 같은 거대한 변화를 바꾸기는 어렵다. 일단은 이 지역에서 우리가 생각하는 로컬의 가치를 더 자주 말하고 드러내는 것. 부족하나마 그 정도라도 어떤 역할을 하고 있다고 생각한다.

정지연
2009년 6월 창간한 홍대앞 동네 잡지 《스트리트H》의 편집장을 맡고 있다. 여성 잡지 기자로 10년 가까이 일했으며, 출판사에도 몸 담았다. 로컬, 도시 문화, 대안적 삶에 관심이 많으며 앞으로 남은 인생에서는 머리보다 몸을 쓰는 일을 많이 하고 싶다고 생각한다.

종이에 새긴 동네의 10년

가장 사적인 도시 기록

《다시부산》 에디터
박나리

손바닥만 한 잡지에 별의별 것이 다 있다. 여든일곱 할머니의 시부터, 일곱 살 꼬마의 그림까지. 이들을 하나로 묶는 것은 '부산'이다. 2016년부터 《다시부산》을 거쳐 간 필진만 수십 명이다. 엉성할지라도 꾸밈없는 글에서는 사람 냄새가 난다. 부산의 공간을 소개하는 Spot 섹션에는 SNS 명소 대신 지역 사람들과 오랜 시간 동고동락한 맛집 이야기가 있다. 명실상부한 관광 도시 부산을 이토록 담백하게 말하는 매체가 또 있을까. 박나리 에디터는 이 모든 것이 지역에 대한 지독한 사랑이라고 말한다.

어떤 계기로 《다시부산》을 시작하게 됐나.

기자로 일하던 시절, 독립 출판에 관해 취재한 적이 있었다. 개성 있는 출판물들을 접하다 보니 왜 부산을 소개하는 잡지는 없을까 생각했다. 물론 부산은 유명한 관광 도시로 많은 매체에서 소개됐지만, 외부인을 대상으로 한 홍보성 콘텐츠에는 깊이 있는 이야기가 부족했다. 예를 들어 최근 독특한 카페가 많이 들어선 영도는 젊은 사람들의 명소로 주목받고 있다. 하지만 그 이면에는 절벽에 판잣집을 짓고 살았던 피란민의 역사가 있다. 몇 년 전까지만 해도 이곳의 지역 커뮤니티는 취재가 불가능할 만큼 폐쇄적이기도 했었다. 이처럼 화려한 면모 뒤에는 묵묵히 평생을 보내온 주민들의 이야기가 있다. 우리는 그들의 목소리를 통해 있는 그대로의 부산을 보여주고자 했다.

여느 잡지보다 에세이 비중이 높은 것도 그런 이유다. 전문적인 글을 싣는 신문, 책, 잡지는 많지만, 우리는 잘 쓴 글보다 진솔한 이야기를 원했다. 살아온 동네에 관해서 이야기하고 싶은 사람이라면 누구든 펜을 잡을 수 있도록 했다. 초창기에는 바다, 음식과 같은 주제로 기획을 시도했다. 하지만 각자 다른 이야기를 해도 항상 중심을 지키고 있는 것은 부산이더라. 그 후로는 잡지의 주제를 '부산'으로 고정해뒀고, 각 호의 색깔 역시 의도적으로 매만지지 않고 들어온 원고들에 의해 자연스레 흘러가도록 내버려둔다.

/ **원고, 디자인, 삽화, 리워드 등 잡지 제작의 모든 과정이 재능기부로 이뤄진다고 들었다.**

재능기부가 아니면 원고비를 차등 지급하게 되는 경우가 생긴다. 하지만 교수든, 어린아이든, 잡지의 필진으로 함께하는 이유는 '부산 사람'이라는 것뿐이다. 모두의 이야기를 동등하게 대하는 태도는 진솔한 부산을 담겠다는 우리의 정체성과도 직결된다. 물론 재능기부가 편리한 제작 방식은 아니다. 작가와 디자이너를 고용하면 내 입맛에 맞게 잡지를 만들 수 있다. 대신 도시의 다양한 면면은 내 기준으로 재단돼버린다. 내가 편집장이 아닌 에디터로 활동하는 것 역시 《다시부산》이 필진 모두의 집지이기 때문이다.

같은 이유로 광고도 없다. 리워드를 제공하는 향토 기업들조차 광고를 실을 수 없다. 대신 기업에서 직접 원고를 쓴다. 리워드가 어묵, 명란, 미역, 소주 등 지역을 대표하는 상품이다 보니 제품에 얽힌 역사를 에세이로 쓰기도 하고, 레시피를 싣는 경우도 있다. 형식에 상관없이 지역과 제품을 매력적으로 소개할 수 있는 콘텐츠를 기획한다.

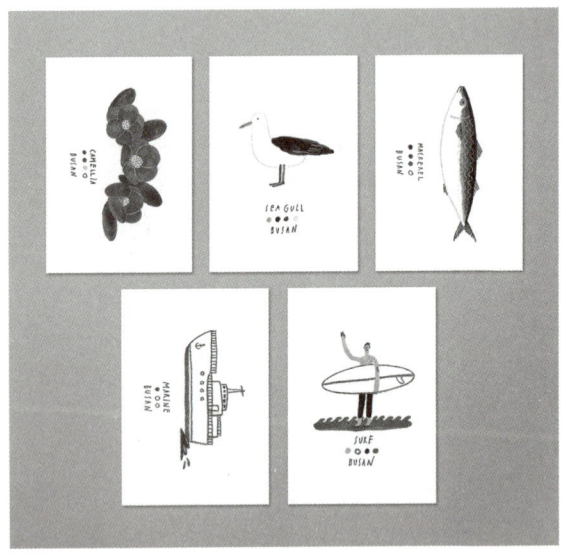

부산 출신 작가의 재능기부로 만든 그림 엽서

로컬 미디어로서《다시부산》의 정체성을 정의한다면.

애향심을 구심점으로 하는 플랫폼이자 네트워크다. 부산 사람은 유독 애향심이 강하다. 광역시임에도 큰 회사가 많지 않아 같은 업계에서 몇 년만 일하면 서로 다 알게 된다. 또한 외부인과는 사투리로 구별되니 일종의 내집단이 형성되기도 한다. 우리는 그 애정을 풀어낼 장을 제공하고, 구청 직원, 스타트업 대표, 대학생 등 다양한 사람들이 필진으로 만나 서로 연결된다. 이들이 잡지를 홍보함으로써 다양한 협업 기회가 찾아오기도 한다. 실제로 부산푸드필름페스타, 대한민국온천대축제와의 협업은 필진을 통해 성사됐다. 리워드를 제공했던 기업끼리 새로운 사업을 진행하기도 하고, 잡지를 통해 일거리를 제안받는 필진도 있다. 어느 방향으로든 지역과 상생하는 매체가 되고자 한다.

필진 네트워크를 통해 지역 크리에이터를 위한 장을 넓혀나가고 있다

요즘 들어 지역과 동네에 기반한 문화가 유행처럼 번지고 있다. 그 이유가 뭐라고 생각하나.

로컬 문화 콘텐츠의 소비자와 생산자가 각자 유행을 이끌고 있다고 생각한다. 우선 소비자는 차별화에 대한 욕구가 있어 남들과 다른 것을 경험하고 싶어 한다. 모두가 알고 있는 유명한 곳을 순례하는 시대는 지났다. 어디를 가도 볼 수 있는 체인점이나 인테리어만 번듯한 카페는 소비자에게 더 이상 통하지 않는다. 요즘 사람들은 역사와 이야기가 있고, 주인의 취향이 확실한 공간을 원한다. 그러다 보니 특정 지역에 기반한 문화가 더 매력적으로 다가갈 수밖에 없다.

사실 '지역', '동네'가 갑자기 튀어나온 개념은 아니다. 오래전부터 사람들은 삶의 터전에 대한 이야기를 해왔다. 한 달에 한 번씩 반상회를 하던 시절도 있었다. 현실에 치여 정신없이 살아가다가 요즘에서야 잊고 있었던 동네의 소중함을 새삼 깨달은 것이다. 여기에 젊은 사람들의 감각이 더해지면서 오래된 지역과 동네가 매력적인 방식으로 재탄생하고 있다.

조용하던 동네가 갑작스레 뜨기 시작하면서 젠트리피케이션 같은 문제도 생긴다.

슬프지만 어쩔 수 없다. 사유 재산이니 어떻게 막겠나. 동네가 망가지는 모습을 많이 목격하고 무력감도 느꼈다. 하지만 변화를 막을 수 없다면, 우리가 지킬 수 있는 것은 사람뿐이다. 물론 대중 매체에서도 기사를 통해 인식의 변화를 이끌 수 있다. 하지만 육하원칙에 맞춰 사실을 나열하는 신문 기사에는 한계가 있다. 우리는 형식에 구애받지 않고 동네의 이야기를 모은다. 필자들은 에세이, 시, 그림 등 각자의 이야기를 가장 잘 표현할 수 있는 방법으로 참여한다. 동네가 변해도 공동의 기억을 빌려 그 이전의 역사를 기록하고, 동네 문화를 선도했던 이들이 임대료 상승으로 떠나도 지금 어디서 어떻게 살고 있는지 알려야 한다.

《다시부산》이 그리는 미래가 궁금하다.

가로수길, 경리단길 같은 명소를 만들고 싶은 것은 아니다. 물론 유명한 사람과 공간을 쫓아가면 잡지도 덩달아 유명해질지도 모른다. 하지만 우리는 외적 성공보다 부산을 제대로 알리는 일에 주력하려 한다. 앞으로도 꾸준히 홍보 채널이 없는 소상공인과 활동가의 목소리를 담는 로컬 미디어로 남을 것이다. 과하게 부풀린 거짓 홍보가 아니라, 솔직하게 써내려간 글로 말이다. 나아가 기존의 네트워크를 확장해 지역 콘텐츠 그룹을 만들고, 전문적으로 지역을 알리려 한다. 지면을 넘어서 굿즈, 이벤트 등 다양한 방식으로 독자에게 다가가고, 재능기부로 참여하는 청년들에게 더 확실한 플랫폼을 제공할 수 있을 것이다.

이번 호 서문에 이렇게 썼다. "부산은 어떤 도시인가? 살고 싶은 곳? 여행하고 싶은 곳? 당신에게 어떤 도시인지는 모르겠지만, 나는 있는 그대로의 부산을 보여주고 싶다. 그러니 부산에 오라." 이것이 우리가 가장 하고 싶은 말이 아닐까 생각한다.

시민들의 사적인 이야기가 하나둘 쌓여 지역을 대표하는 잡지로 거듭났다

박나리

대학에서 시각디자인을 전공했다. 2000년 부산일보에 미술 기자로 입사했고 이후 편집 기자를 거쳐 맛집 담당 기자로 2016년까지 일했다. 저서로는 부산 맛집 이야기를 담은 『부산을 맛보다 2』를 출간했다. 현재 《다시부산》을 만들며 부산 관련 콘텐츠 기획자로 활동하고 있다. 맛집 기자 시절의 경험을 바탕으로 한 〈탐식 보도〉라는 웹툰의 스토리 작가이기도 하다.

Insight

우리는 로컬숍을 연구한다

《브로드컬리》 에디터
소혜경

어린 시절 지방에 살던 나는 9시 뉴스가 방송되는 도중에 앵커와 스튜디오 배경이 바뀌는 것을 당연하게 여겼다. KBS 뉴스, MBC 뉴스로 시작한 프로그램이 9시 30분쯤 전주 KBS, 전주 MBC 스튜디오로 넘어간 것이다. 전주 지역국 방송에서는 우리 지역의 정치, 사회, 경제 문제 등을 조명했다. 그것이 지역 방송이라는 사실은 한참이 지나서야 알았다.

로컬 미디어는 특정 지역에 기반을 두고 해당 지역 사회의 소식을 다뤄 그에 대한 이해를 돕는 매체를 지칭한다. 엄밀히 말해《브로드컬리》는 로컬 미디어가 아니다. 다만 매호 특정 지역을 설정해 취재 영역을 한정하고, 그곳의 로컬숍을 가감없이 담아 소개하는 매체다. 그렇다면 로컬숍이란 무엇인가? 직역하자면 동네 가게, 1차원적으로는 프랜차이즈 가맹점이 아닌 가게를 의미한다. 나아가 부동산 재산으로서 공간을 소유하고 있지 않지만, 가게를 연 주인이 직접 운영하는, 개인이 기획하고 일궈나가는 가게라고 할 수 있다. 우리가 이러한 의미의 로컬숍에 주목하는 이유는 이들이 지역의 고유한 색을 만드는 시작이라고 생각하기 때문이다. 지역을 개성 있게 만들어주는 매력적인 공간을 조명하되, 단순히 예쁘고 작은 가게의 낭만을 벗어나 상업 공간이자 삶의 터전인 가게의 솔직한 민낯을 보여주고자 한다.

취재를 거듭하면서 우리는 로컬숍이 공통적으로 제도의 보호를 받지 못한다는 것을 확인했다. 먼저 대다수의 가게는 임대차 관계에서 약자에 놓여 생존을 보호받지 못한다. 가게의 개성과 매력으로 해당 지역이 주목받으면 재계약 시점에는 가게가 존폐의 위협에 놓일 만큼 월세가 오르는 사례가 부지기수였다. 예를 들어 우리가 4호 《제주의 3년 이하 이주민의 가게들: 원했던 삶의 방식을 일구었는가?》에서 취재한 '카페 그곳'은 취재 시점인 2017년 7월에 계약 만료를 여섯 달 앞두고 있었는데, 우리가 발행을 마친 2018년 2월에는 이미 자리를 옮긴 뒤였다. 건물 주인과의 재계약 협상에 실패한 것이 원인이었다.

다음으로 이들은 영세한 규모로 인해 산업·업종 내에서 '숍'으로 생존하기 어렵다. 우리가 취재한 소형 서점 중 대다수는 규모의 경제를 이루지 못하기 때문에 출판사 및 총판(도매상)에서 대형 서점보다 불리한 대우를 받거나 심지어는 계약을 거절당하기도 한다고 토로했다. 이는 책을 공급받는 원가 차이를 의미하기 때문에 대형 서점이 소비자에게 제공하는 가격 할인이나 적립금 등의 혜택을 소형 서점은 줄 수 없게 된다. 심지어 책은 재화 자체를 차별화할 수 없으므로 로컬 서점의 상업적 경쟁력은 떨어질 수밖에 없다.

최종적으로 언론과 소비자의 접근 방식에서 오는 어려움이 있다. 로컬숍은 공간의 이미지만 소비될 뿐, 상업적으로 성공하지 못하는 경우가 많다. 언론은 공간의 '그림'만 찍어 간 다음, 낭만적인 스토리 라인을 만들어 그 안에 로컬숍을 끼워 넣고, 실제 운영하는 사람의 이야기는 좀처럼 다루지 않는다. 이러한 매체를 접한 소비자는 로컬숍을 유사 관광지로 여기고, 상업적 대가를 치르는 데 인색해지기 쉽다. 결과적으로 방문객이 사진만 찍고 떠나거나 소형 서점 서가에서 애써 큐레이션한 책을 촬영한 뒤 주문은 인터넷 서점으로 하는 경우도 허다하다.

우리가 취재한 로컬숍이 겪는 어려움에는 공통분모가 있으나 해결책은 제각각이다. 이를 주로 다룬 3호 《서울의 3년 이하 서점들: 솔직히 책이 정말 팔릴 거라 생각했나?》에서는 책을 판매하는 것 외에 매출 다각화를 위해 노력하는 사례를 다뤘다. 카페나 술집을 겸하는 서점, 상담제로 운영하는 서점 등이다. 자신만의 특기를 내세워 기대 이상의 매출을 올리고 있지만, 도서 판매 수익으로는 공간을 유지하는 것이 어렵다는 사실은 변하지 않았고, 근원적인 어려움을 해결할 수는 없었다. 사실상 뾰족한 해결책은 없다고 보는 것이 맞겠다.

물론 우리가 취재한 이야기에 어려움만 담긴 것은 아니었다. 공간을 꾸리고, 자신이 원하는 삶의 방식을 일궈가는 사람들의 기쁨이나 만족감도 존재했다. 경제적 성과보다 다른 가치를 우선시하고, 자신이 꾸려가는 삶에 대한 자부심이 담긴 단단한 철학도 엿볼 수 있었다. 때로는 직장생활을 이어나가는 사람들과 다를 바 없는 불확실성에 대한 고민이 전해지기도 했다. 또, 업계 전반의 어려움을 이해하고, 언론이나 소비자의 피상적인 접근마저도 관심의 시작으로 반기는 대답도 있다. 우리는 생계형 창업이 기회형 창업을 압도하는 시대에 창업의 고통을 보여주려는 것도, 소비자를 계몽하려는 것도 아니다. 다만 흔하게 이야기되는 낭만이 로컬숍의 전부가 아니라는 것을 보여주고 싶다. 그리고 사람들이 로컬숍을 더욱 입체적으로 이해하고 접근할 수 있도록 돕고자 한다. 실질적으로 우리 책을 읽고 로컬숍에 대한 이해와 분석을 하게 돼 창업 결심을 접었다는 이야기를 전해 들은 적도 있다.

공간이란 점점 거점화되는 것만 같다. 그리고 거점의 영향권 안에 있는지의 여부가 공간의 가치를 만든다. SSG배송이나 로켓배송이 가능한 지역인지, 실패 없는 소비를 제공하는 유명 프랜차이즈 지점이 주변에 있는지가 월세에 영향을 미친다는 말도 있지 않은가. 이는 편리함과 쾌적함의 가치가 그만큼 크다는 의미일 것이다. 하지만 내가 매일 다니는 공간과 골목을 더욱더 다채롭게 만드는 가게에는 그와는 차원이 다른 편안함과 고유의 정서가 있다고 믿는다. 그리고 그 안에는 노동을 통해 생활을 일구는 사람들이 있다. 그런 공간과 사람들에 대한 애정을 바탕으로 로컬숍이 더욱 브로드 Broad하게 흔해지길 바라는 마음을 담아《브로드컬리》는 로컬숍을 이야기한다.

브로드컬리는 로컬숍의 명암을 모두 담는다

소혜정

현재 《브로드컬리》의 취재·편집과 통번역을 돕고 있다. Sony Pictures Korea, 미래창조과학부, 씨티은행, 쿠팡 등 다양한 산업 분야에 걸쳐 프리랜서 통번역사로 활동하고 있다. 연세대학교 경제학과와 한국외국어대학교 통번역대학원 한영과를 졸업했다.

Special Interview

공간과 지역과 사람을 연결하다

일본 UDS 대표
나카가와 케이분

세계적인 라이프스타일 브랜드 무지 MUJI가 호텔과 주거 사업에 본격적으로 진출했다는 소식은 업계에 큰 파장을 불러일으켰다. 무지 호텔 베이징점과 도쿄 긴자점을 기획, 설계, 운영한 것은 일본 건축 사무소 UDS(Urban Design System)다. 이외에도 UDS는 30년이 넘은 낡은 클라스카 호텔을 디자인 호텔로 바꾸고, 서점과 코워킹 스페이스가 결합한 도쿄의 진보초 북센터(2018), 밀레니얼 커플을 위한 서울의 카푸치노 호텔(2017) 등을 기획했다. 이들은 본래의 기능을 다하지 못하는 건물과 장소에 새로운 가치를 부여하고, 그 과정을 통해 해당 공간이 '명소'로서 기능하게 했다. 또한, 공간을 실질적으로 운영할 수 있도록 기획해 궁극적으로 지역 주민들과 함께하는 마을 만들기를 지향한다. 지난 12월 UDS의 케이분 나카가와 대표와 만난 자리에서 공간을 매개로 지역과 사람을 묶는 방법에 대해 들어봤다.

한국에서는 최근 '로컬', '코워킹', '코리빙', '라이프스타일'과 같은 개념이 크게 주목받고 있는 것은 물론이고, 지역의 공유 공간, 골목 상점, 취미 공간 등에 사람이 몰리는 추세다. 우리는 "사람이 공간을, 공간이 지역을, 지역이 사람을 바꾼다"는 생각을 갖고 있다.

UDS 역시도 그런 생각을 바탕으로 일하고 있다. 우리는 공간을 만들 때 두 가지 방법으로 접근한다. 하나는 지역의 특장점을 공간으로 들여오는 것이고, 다른 하나는 지역의 열린 공간이라 할 수 있는 '거점'을 만드는 것이다. 대표적인 예로는 교토에서 운영 중인 럭셔리 호텔 간라(カンラ)를 들 수 있다. 여기서 '간'은 느낀다는 의미고 '라'는 마을을 의미한다. 즉, "교토를 느낄 수 있는 호텔"이다. 이를 공간에 구현하기 위해 1층에는 갤러리숍과 긴쓰기(金継) 공방을 뒀다. 투숙객이 교토 전통 공예품 공방에서 작가의 작업을 보고 객실로 이동할 수 있도록 설계했는데, 이는 지역을 공간에 반영한 좋은 사례다. 다른 예로는 가와사키에서 운영하는 온더막스나 리코 퓨처하우스가 있다. 전자는 'Bed, Food and Music'을 콘셉트로 한 호텔 및 호스텔로 1층 입구 바로 옆에 식당이 있어 마을의 전통 음식과 맥주를 먹고 마실 수 있다. 후자는 '사람이 모여 배우고 성장하며 미래를 창조해나가는 장'을 만들고자 아이들이 과학 기술을 체험하는 공간과 제품 전시 공간으로 구성된 상업 시설이다. 이들은 지역성을 반영한 거점 시설 운영과 상설 이벤트를 통해 지역 주민과 소통한다.

리코 퓨처하우스는 학생을 위한 과학 교실을 열고 지역 농산물을 이용하는
식당을 운영하는 등 지역민을 위한 공간으로 기획됐다

일본이 로컬 비즈니스 분야에서는 한국보다 5~10년 정도 앞서 있는 것 같다. 한국 시장을 어떻게 보나.

모든 것이 서울에 집중된 상황이 한국의 가장 큰 문제라고 본다. 밀레니얼이 지방에 많은 관심을 보이지만, 여전히 상황은 좋지 않다. 일본의 경우 세대 특성에 따라 지방이 주목받았다기보다는 3·11 동일본대지진의 영향이 컸다. "나는 무엇인가, 나는 무엇을 할 수 있나, 나는 여기 왜 사는가" 등 자연재해 앞에서 일본 국민들은 근본적인 질문을 해야만 하는 상황에 놓였다. 큰 재해 앞에서 정부에 대한 신뢰나 회사에 대한 충성도는 흔들릴 수밖에 없었다. 대신 좋아하는 도시에서 일하며 사는 것이 자연스러운 흐름이라는 인식이 퍼지고 있다. 한국에서도 같은 공감대가 형성되고 있다면 지방에서도 재미있는 일이 일어날 것으로 기대한다.

현재 일본의 산업은 극적으로 바뀔 필요가 있다. 그 근간은 자동차 산업인데, 그중 대표적인 기업인 도요타는 가솔린 자동차를 만들 때 3만여 개의 부품을 조달하고, 부품을 만드는 220개의 자회사를 거느리고 있다. 전기자동차의 경우 생산에 필요한 부품이 1만여 개 정도지만, 기존에 협업하던 자회사를 일제히 해체할 수는 없기에 전기자동차를 만드는 전자 회사로의 변신이 어렵다. 그러나 시대는 변하고 있고, 기대 수명이 100년으로 늘어났으니 앞으로는 지금까지 없었던 것에 의존해야 한다. 이를테면 네덜란드처럼 네 개의 소도시가 각각 독립적인 기능을 가지고 있는 형태가 효율적이지 않을까. 일본은 변화를 모색하기에는 조금 늦었다고 보지만, 현시점에서 한국은 그런 시스템을 벤치마킹할 수 있지 않을까 생각한다.

> UDS가 기획한 공간은 F&B 서비스와 커뮤니티 공간의 운영 및 디자인이 지역에 열려 있다. 사실 이런 방식은 투숙객에게 마이너스 요인이 될 수도 있을 텐데, 다른 방법으로 지역과 상생할 수 있는 대안이 있나.

최근 여행객은 지역을 더욱 깊게 알고자 하며, 지역과 소통하고 싶어 한다. 그런 요구에 부응하기 위해서는 로컬 투어 관련 프로그램이 중요하다고 생각한다. 실험적으로 계획하고 있는 것은 공간 1층 로비에 '여행 데스크'를 넣는 일이다. UDS에서 직접 여행사를 만들고 지역을 자세히 알아볼 수 있는 여행 상품을 개발한 뒤 1층에 투어 데스크를 배치해서 지역 주민과 소통해보고 싶다.

> 이렇게 구성한 커뮤니티를 유지하고 지속할 수 있는 조건은 무엇인가.

여러 방법이 있겠지만, 개인적으로 커뮤니티 매니저가 가장 중요하다고 본다. 커뮤니티를 유지하는 데 중요한 스킬 세 가지가 있다. 담당자가 바뀌어도 계승할 수 있는 능력, 퍼실리테이터 Facilitator로서 활동이 자체적으로 돌아가게 할 수 있는 능력, 마지막으로 팀 빌딩 능력이다. 우리는 호텔이나 다양한 매장을 운영하기 때문에 항상 커뮤니티를 우선시한다. 앞서 말한 온더막스나 리코 퓨처하우스에서 지역 채소를 넣은 어묵과 전통주를 먹고 마시는 행사를 했던 적이 있다. 점장이 퍼실리테이션 랩 강의를 통해 사업 기술을 배운 뒤 주최한 이 이벤트에 지역 주민이 5,000명이나 모였다. 이런 자세만큼 중요한 것이 교육이다. UDS는 코워킹 스페이스를 운영하는 사람을 위한 비즈니스 스쿨을 운영하고 있고, 거기에 참가하면 매니저가 될 수 있다. 이처럼 계속해서 교육과 실행을 병행해야 한다.

／클라스카 호텔처럼 단기 투숙객을 위한 호텔을, 장기 투숙객을 위한 레지던시나 코워킹 플레이스로 바꾼 사례가 있다. 리모델링할 때 가장 중요하게 고려해야 하는 점은 무엇인가.

호텔은 숙박객을 위한 기본 시설을 정비하는 것뿐만 아니라 안전 확보도 중요시해야 한다. 특히 일본은 지진에 신경 써야 하고, 낡은 건물이 많아 비가 내리면 물이 새는 경우도 많다. 최근 오래된 마을의 낡은 가옥을 게스트하우스로 리노베이션하려 했는데, 도면이 없거나 기본적인 안전을 확보하기가 어려워 고충을 겪기도 했다. 그럼에도 중요한 것은 오래된 공간을 해석하는 방식이라고 생각한다. 이때 단순히 낡기만 한 곳인지, 혹은 나름의 가치가 있는 곳인지 잘 살펴봐야 한다. 유서 깊은 마을에 있는 오래된 파사드의 매력을 잘 살리면서 건물 내부는 견고하게 구축하려 한다. 이처럼 지역의 역사를 살리고 드러내는 것이 우리의 일이다. 최근에도 리모델링 의뢰가 많이 들어온다. 그런 프로젝트를 수행하면서 우리는 소비자가 가치를 느낄 수 있는 방식을 고민한다.

/ UDS도 처음에는 도시 환경을 디자인하는 기업으로 시작했다. 반면 최근에는 소프트웨어 중심으로 사업 구조를 구성하고 있는데, 특별한 계기가 있었나.

처음에는 기획 및 설계 회사라는 인식이 강했다. 당시 수많은 설계 사무소 가운데 어떻게 차별화할 수 있을까 고민이 많았고, 업계에서 공간을 직접 운영하는 회사가 없다는 것을 발견하고는 한번 해보자고 결정하게 됐다. 협동조합주택을 만들기 위해 모든 가구와 스무 번 넘게 회의를 했는데, 이 또한 운영의 일환이라 생각했다. 이를 바탕으로 2010년, 간라를 시작으로 현재는 베이징과 긴자에 있는 무지호텔도 자체적으로 운영한다. 그 배경에는 부동산 투자 환경이 영향을 미친다. 호텔 신규 사업을 하고 싶거나 투자자를 만족시키고 싶을 때, 투자자가 호텔업에 대한 이해가 부족할 때, 수익 구조를 알고 제안해야 하므로 직접 운영을 선호하는 측면이 있다.

/ 사실 간라와 같은 호텔 운영은 비용적인 부분이 가장 중요하다. 한국은 관련 사업을 부동산 개발사에서 주로 담당하는데, 일본에서는 UDS와 같은 기업에도 기회가 많았는지 궁금하다.

간라의 경우 운영 사업을 하기까지 특별히 든 비용은 없다. 건축주가 대형 학원 회사였고, 시공사가 가구 등 모든 비용을 내는 구조라 우리는 운영 수익만 가져가기로 했다. 대신 사람을 채용하고, 교육하는데 많은 시간을 썼다. 우리는 건물을 통째로 임대·관리하는 ML(Master Lease)은 물론이고, 전문 관리업자에게 위탁해 관리하는 MC(Master Contract)도 했다. 포트폴리오를 균형 있게 배분하는 것이 중요하다.

/ 직접 투자도 하나.

개인적으로 M&A에 관심이 많아 직접 투자하기도 한다. 최근에는 일본 내 레고 판매권을 가지고 있는 회사를 인수했다. 마을 만들기 측면에서 아이들의 교육이 가장 중요하다고 생각하기 때문이다. 일본 내에도 수익성이 부족한 아동 교육 사업이 많기에, 이를 우리가 수행하면 안정적인 수익 구조를 만드는 동시에 바람직한 마을 만들기도 실현할 수 있으리라 생각한다. 레고의 고향인 덴마크가 지닌 이미지가 우리 사업에 부합하기도 하고, 이후 '레고 호텔'과 '레고 카페'로 사업을 확장할 수도 있다. 비슷한 취지에서 레고가 MIT와 공동으로 개발한 어른을 위한 워크숍 도구 '시리어스 플레이'의 특허도 보유 중이다.

UDS는 동아시아 전체를 하나의 시장으로 겨냥한다
무지호텔 베이징은 이러한 행보를 잘 보여준다

/ 최근 한국의 상업용 부동산 시장에서도 콘텐츠 기반의 공간을 기획하고 운영하는 것에 대한 관심이 높아지고 있다. 반면 ML은 위험성이 높다. 지속가능성을 확보하는 비결이 있나.

위기를 관리하는 방법은 두 가지가 있다. 첫 번째는 기획 설계 사무소처럼 한 가지 용역에만 집중해 업계 1위를 흔들림 없이 차지하는 것이고, 두 번째는 의도적으로 사업을 분산하는 방법이다. 우리는 후자를 택했다. 현재 일본은 2020년 도쿄올림픽을 앞두고 있어서 설계 분야의 경기가 좋다. 올림픽 이후를 고민해보면 사업의 안정적인 관리를 위해 다양한 포트폴리오가 필수적이다. 우리는 설계뿐만 아니라 호텔 운영과 F&B에 이르는 광범위한 포트폴리오를 갖춰온 것은 물론이고, 설계업 이외에도 가구나 건축 자재 등을 다루며 발전해왔다. 운영 측면에서도 호텔, 주택, 코워킹 스페이스 등 다양한 공간을 경험했다. 미래의 돌파구는 중국, 한국에서 시장을 늘리는 것에서 찾고자 한다. 한국도 그렇지만 일본도 점점 인구가 줄고 있으므로, 내수에 의존하지 않고 동아시아를 묶어서 하나의 시장으로 보는 것이 중요하다고 생각한다.

나카가와 케이분

주식회사 POLA, 주식회사 ODS에서 근무 후 1993년부터 가족과 함께 니가타현 조에쓰시에 이주해 지역 기업 주도의 대규모 상업 시설 기획, 개발, 운영을 경험했다. 1999년 주식회사 도시 디자인 시스템(현 UDS)에 입사했고 현재 UDS 주식회사 대표 이사장 겸 오키나와 UDS 주식회사 이사, 주식회사 ELISTA 이사, 한국 UDS 주식회사 이사로 있다.

아는도시 01

로컬전성시대

로컬의 최전선에서 전하는 도시의 미래

발행인 홍주석
지은이 어반플레이 편집부
편집장 심영규
에디터 강별희 박혜주 소보은 이지현 조윤 최장근
디자인 김한슬

초판 1쇄 인쇄 2019년 2월 15일
초판 1쇄 발행 2019년 3월 4일
초판 2쇄 발행 2019년 4월 2일

(주)어반플레이
서울특별시 서대문구 연희로27길 52
02-3341-7977
contact@urbanplay.co.kr
www.urbanplay.co.kr
www.iknowhere.co.kr

ISBN 979-11-961009-8-8
CIP제어번호: CIP2019003879
ⓒ 2019 어반플레이 Printed in Korea.

파본이나 잘못된 책은 구입처에서 바꾸어 드립니다.
이 책은 저작권법에 따라 보호받는 저작물이므로 무단복제와 무단전재를 금지하며,
이 책 내용의 일부 또는 전부를 이용하려면 반드시 사전에 저작권자와
출판권자의 서면 동의를 받아야 합니다.
책값은 뒤표지에 있습니다.